06 04 2019

Por el nuevo viaje
que emprendéis.
juntos

Con todo nuestro cariño

José y Rose

La medida de los héroes

Andrea Marcolongo

La medida de los héroes
Un viaje iniciático a través de
la mitología griega

Traducción de Teófilo de Lozoya y Juan Rabasseda

taurus

Papel certificado por el Forest Stewardship Council®

Un agradecimiento especial a Maria Cristina Oliati por la corrección del texto original.
Las traducciones, si no se indica lo contrario, son de la autora. [Y, acorde a este criterio,
lo mismo se aplica en las versiones en castellano. *(N. de los T.)*]

Título original: *La misura eroica*

Primera edición: marzo de 2019

© 2018, Mondadori Libri, S.p.A.
© 2019, Penguin Random House Grupo Editorial, S. A. U.
Travessera de Gràcia, 47-49. 08021 Barcelona
© 2019, Teófilo de Lozoya y Juan Rabasseda, por la traducción
© Herederos de Ángel Crespo y Seix Barral, por la traducción de la cita de la p. 19,
Fernando Pessoa, *El libro del desasosiego*, 1984

Printed in Spain – Impreso en España

ISBN: 978-84-306-2203-0
Depósito legal: B-2.260-2019

Compuesto en Arca Edinet, S. L.
Impreso en Unigraf
Móstoles (Madrid)

TA 2 2 0 3 0

Penguin
Random House
Grupo Editorial

A todos aquellos que tiran por la borda la infelicidad
y tienen el valor de zarpar,
por vez primera o una vez más.
A todos aquellos que tienen el valor de enamorarse,
por vez primera o una vez más.
Héroes.

A Sarajevo,
que no tiene mar,
pero sabe siempre ser un puerto para mí.

ÍNDICE

Οὐδεὶς οὕτω κακὸς ὄντινα οὐκ ἂν αὐτὸς ὁ Ἔρως ἔνθεον ποιήσειε πρὸς ἀρετήν, ὥστε ὅμοιον εἶναι τῷ ἀρίστῳ φύσει. Καὶ ἀτεχνῶς, ὃ ἔφη Ὅμηρος, μένος ἐμπνεῦσαι ἐνίοις τῶν ἡρώων τὸν θεόν, τοῦτο ὁ Ἔρως τοῖς ἐρῶσι παρέχει γιγνόμενον παρ᾽ αὐτοῦ.

No hay hombre tan cobarde al que el Amor no logre infundir valor, y transformarlo en héroe: y sin duda, igual que dice Homero que la divinidad inspira a algunos la fuerza para la batalla venidera, así el Amor hace este regalo a los amantes y estos lo aceptan de él.

PLATÓN, *El banquete*, 179a-b

¿Por qué será que cualquier muchacho robusto y saludable, que tenga dentro de sí un espíritu robusto y saludable, en un momento dado se enloquece por darse a la mar? ¿Por qué será que, durante el primer viaje que hicieron ustedes como pasajeros, sintieron un estremecimiento místico al enterarse de que ni el buque ni ustedes ya no podían ser vistos desde tierra?

HERMAN MELVILLE, *Moby Dick**

---

* Herman Melville, *Moby Dick*, Barcelona, DeBolsillo, 2001, trad. de Enrique Pezzoni. (*N. de los T.*)

UNA LENGUA ANTIGUA, EL MAR

El mar es una lengua antigua que nos habla.

Y sus palabras son el mapa que hay que descifrar.

No tiene fin, sino inicios infinitos que se llaman «horizontes».

Conoce el arte del encanto, del estupor, del miedo, de la impaciencia y de la espera.

Engulle naves, ofrece regalos, sorprende en puertos que no aparecen en los mapas trazados por otros que no somos nosotros.

Es dulce por sus olas y cruel por sus tempestades; su agua es salada como el sudor del cansancio, como las lágrimas que se nos saltan de tanto reír, como el llanto causado por el dolor excesivo.

La nave es bellísima y en el casco va tu nombre escrito con pintura blanca. En ese viaje eres simplemente tú.

Pronto llegarás a tu puerto, razón por la cual has atravesado toda esa agua. Una vida nueva te espera a la llegada, aquella que siempre deseaste antes de aceptar el reto de partir.

Es la vida que tanto miedo te daba pedir la que sale a tu encuentro.

Por ese motivo zarpaste; para dejar de vivir como un inoportuno, o sea sin un puerto en el que ser quien eres en realidad. Y para no importunar, para no confundir, para no desorientar a quien verdaderamente amas, aquello en lo que verdaderamente crees. Para no seguir vagabundeando despistado, sino para encontrar una pista, un país, una tierra para tus pensamientos.

«Tienes que aguantar», todo el mundo ahí, dándote la falsa fuerza de la resignación, cuando lo único que querías era permitirte ser débil, declararte cansado de hacer que te gustara lo que no te gustaba, lo que no te hacía feliz.

«Tú pides demasiado a la vida», todo el mundo ahí repitiéndotelo cuando lo único que implorabas era ser tomado en serio como lo que eres.

Entonces decidiste, entonces pediste a la vida lo imprescindible y te marchaste.

A menudo la fuerza de elegir deriva solo de la imposibilidad de vivir sin realizar esa determinada elección.

Inefables son los colores del agua, porque no puede llamarse por su nombre la luz que la enciende de día —transparente, azul, cristal, perla— y la apaga de noche: negro, vino, luna.

El mar conoce la ley del equilibrio entre la presencia y la ausencia que tan a menudo se te escapa y te abate a la espera de lo que todavía, solo de momento, no sabes. Y de lo que todavía no eres.

Su nombre lo convierte en «padre» tanto en italiano como en español. *Il mare. El mar.*

«Madre» en francés. *La mer.*

Neutro en las lenguas eslavas, *more.*

Son todas las mujeres, todos los hombres, todos los pensamientos que habitan en nuestros puertos, desde los más lejanos hasta los más próximos. El mar llama, y es nuestra obligación elegirnos en el inventario de lo que somos todos los días al mismo tiempo:

hombres impacientes, hijos queridísimos, madres aprensivas, amigos leales, amantes enamorados, chicos rebeldes, mujeres prudentes, niños caprichosos, o fantasías ajenas.

Es la simultaneidad de todos nuestros yos desplegados como una vela: el yo (*io*) que en italiano queda reflejado en el sufijo *-io* con el que se forman las palabras que indican la insistencia de una acción que no termina de completarse. Palabras que dicen cómo estamos cuando no sabemos decirlo, indecisos e incompletos: *mormorio* («murmullo»), *ronzio* («zumbido»), *logorio* («deterioro»), *brontolio* («refunfuño»).

No sirve lo que decía Proust, no hay ningún tiempo perdido cuando se viaja. Se trata, por el contrario, de un tiempo recobrado, porque nos vemos obligados a descubrir cada día lo que somos, no lo que éramos, ni lo que seremos.

De la realidad que se pliega y se anuda, y cambia cambiándonos a nosotros.

Es el conocimiento de esa realidad que se oculta detrás de la línea de sombra que cada decisión comporta.

El mar te pide que elijas adónde vas a ir y por qué.

Puedes ignorarlo, puedes decir que estás demasiado ocupado, puedes también no verlo, ese mar que te habla con palabras remotas.

Puede darte miedo o incluso puedes reírte de él recostado en una cómoda tumbona.

Sin avisar, sin que lo anuncie ningún viento, habrá siempre un mar que, paciente, te lleve a efectuar ese gesto arcaico propio de cualquier ser humano: cruzar el umbral y dar un paso hacia delante.

Mejor dicho, al interior de tu vida.

Dentro de ti.

«Llega, irremediable, el viaje que impulsa a los hombres a zarpar», escribía Apolonio de Rodas, el poeta de las *Argonáuticas.*

Jasón no se esperaba que lo llamaran, siendo un muchacho, a ser el primero en surcar el mar, con el primer barco construido en el mundo, la nave *Argo.* En su puerto lejano, Medea, todavía una muchacha, no aguardaba a ningún extranjero del que enamorarse.

Uno partía para volver a casa y salvar a su padre; la otra rechazaba a su padre y partía para no regresar nunca más. Los dos eligieron el mar y llegaron a la meta distintos de como habían partido: ya no eran jóvenes, ya no eran hijos, sino que se habían convertido en un hombre y en una mujer adultos o, mejor dicho, en héroes.

«Héroe» para los griegos era el que sabía escucharse, elegirse a sí mismo en el mundo y aceptar la prueba exigida a todo ser humano: la de no traicionarse nunca.

Victorias y derrotas no son desde luego el metro del heroísmo: desde hace milenios «héroe» es quien decide su vida, su medida será siempre grande porque será la de su felicidad. Y si Platón, en el *Teeteto,* decía que «pensar es el acto del alma que se habla a sí misma», la revolución plenamente griega está en volver a dirigir la palabra a lo que con demasiada frecuencia mandamos callar. Hablarnos por dentro para poder elegir, amándonos tal como somos en nuestra íntima pureza.

Con demasiada frecuencia ponemos hoy nuestro listón personal muy bajo, casi a ras de suelo, convencidos de merecer muy poco, casi seguros de que nuestros sueños nunca pueden estar en bruto, sino ser siempre netos, libres de las condiciones externas —desde la crisis económica hasta el juicio de los demás—, y acabamos así por no desear, en nombre de la falsa tranquilidad que nos da el hecho de no cambiar nada, de no proyectar nada.

La palabra «héroe» está tan descolorida y deteriorada que se usa para definir solo a los vencedores, a los protagonistas de empresas espectaculares, propias de un *TED talk* o de un *reality show*, y resulta que se nos olvida que todos tenemos un potencial heroico que solo el hecho de salir al mar puede conseguir que volvamos a descubrir. Junto con el amor, que siempre es una chispa del heroísmo de cada vida en particular, pues sabe elevar hasta el cielo nuestra medida interior.

Medea y Jasón fueron los primeros.

Son la ida y la vuelta de todo viaje humano.

Cada día, con las velas desplegadas de la nave *Argo*, nos echamos al mar y nos enfrentamos a vientos y a tempestades para llegar a la orilla o para ser distintos de como éramos al partir, superamos la línea de sombra y cruzamos nuestro umbral.

Umbral como salida, salida como salir, como dejarse llevar. Como salir al encuentro de lo que nos sucede. Las puertas existen sobre todo para ser abiertas, para acoger y dejar que entren la luz, el viento, los demás.

¿No estás acaso navegando tú también, como todos nosotros —argonautas humanos y contemporáneos—, en los mares que nos separan de ser ya mayores, a cualquier edad?

NO PUEDE PASARME A MÍ

En el mar te sientes seguro.
Nada queda de lo que te turbaba en tierra.
Es entonces cuando empiezas a decirte:
«No puede pasarme a mí».
Palabras que tienen un efecto tan tranquilizador
que resultan hipnóticas.
Lentamente vas cayendo en una tranquila apatía.
Todo parece tan lejano, tan remoto.
No, no puede estar pasando.
A ti no.

En su *Libro del desasosiego* Fernando Pessoa anotaba: «Vivimos todos, en este mundo, a bordo de un navío zarpado de un puerto que desconocemos hacia un puerto que ignoramos; debemos tener los unos para con los otros una amabilidad de viaje».*

Yo también estoy desasosegada, desde siempre. Vivo de ondulaciones; me encantan las colinas del mar, no la llanura del lago. Y también he viajado mucho antes de encontrar el valor necesario para escribir este libro: pero no solo a lo largo, por ciudades y países que no conocía, sino sobre todo en profundidad, a través de las personas, bajo la superficie de sus palabras, de sus miradas, de sus gestos.

---

* Fernando Pessoa, *El libro del desasosiego*, Barcelona, Seix Barral, 1984, p. 192, trad. de Ángel Crespo. *(N. de los T.)*

A los treinta años me encontré a bordo de un barco que había zarpado de un puerto que no conocía, el de la escritura.

Encontrar el valor necesario para atravesar mi mar desconocido ha sido posible solo gracias a ese sentimiento de amabilidad del que escribe Pessoa y con el que me han acogido y sostenido mis compañeros de viaje: mis lectores. También vosotros, los que me estáis leyendo ahora por primera vez y vais a descubrir con quién me he encontrado y qué he aprendido navegando entre mis dos puertos.

Es en nombre de la gratitud por vuestra curiosidad, por vuestra delicadeza, por la necesidad de orientarnos en el tiempo presente por lo que desde siempre ha sido vendido en liquidación como algo antiguo, y por lo tanto obsoleto, por lo que he vuelto a escribir. Para conceder el tiempo debido y la justa atención a todas las preguntas que me habéis planteado. Y para intentar encontrar las repuestas, que acaso no conozca ni siquiera ahora y que nunca serán definitivas, como pasa siempre con todas las cosas hermosas e insondables de la vida.

¿Hay sitio todavía para el pasado en nuestro futuro? ¿Qué transforma el recuerdo personal en memoria colectiva, capaz de vencer la soledad contemporánea? ¿Por qué todos queremos ser libres, pero cuando lo conseguimos sentimos un miedo inmemorial? ¿Y por qué el miedo debe ser necesariamente un sentimiento del que avergonzarnos, en vez de uno de los primeros instintos humanos de supervivencia, el que desde siempre nos obliga a cambiar para salvarnos? ¿Cómo responder a la vida cuando nos ofrece la posibilidad de vivir a nuestra manera y no a la de nadie más? ¿Por qué ejercer una profesión significa hacer algo para vivir y no hacer algo para arruinarnos la vida con inquietudes y preocupaciones en nombre de un trabajo y de una perfección establecida por otros? ¿Qué diferencia hay entre estar conectados y estar unidos y por qué no nos hemos sentido nunca tan solos en la historia del ser humano? ¿Es esta la época de la infinita conexión y de la perpetua interrupción?

Estas solo son algunas de vuestras preguntas. He elegido mantener bien sujeto el cabo del hilo que me liga a vosotros como lo más valioso que poseo. Y he querido indagar la experiencia del cambio, intentar contar la superación de la línea de sombra que de nosotros, chicos y chicas, hace hombres y mujeres.

Este libro, pues, no habla del mar, que no obstante amo infinitamente y sin el cual no sabría vivir, ni mucho menos de navegación, sobre la cual lo ignoro casi todo, salvo la puesta en escena de la literatura. Habla, por el contrario, del difícil y poderoso arte de salir de viaje para superarnos y hacernos mayores, sin tener en cuenta nuestra edad; la vida no se detiene nunca. Somos nosotros, si acaso, los que nos detenemos.

Cuenta lo que sucede cuando somos llamados a elegir en la tierra firme de la vida, que al fin y al cabo no es tan firme, sino que, aunque no lo queramos, está en continua transformación; y mientras tanto somos nosotros los que cambiamos con ella. Y lo hace mediante palabras modernas que tienen orígenes antiguos, mediante mitos y leyendas que desde siempre custodian el sentido cristalino de las cosas que unen a los seres humanos.

Lo que deseo es acompañaros en los instantes irrepetibles de la elección con metáforas, en el sentido exacto y originario del término. Del griego μεταφορά (*metaphorá*), resultado de la unión de la preposición μετά (*metá*) y del verbo φέρω (*phérō*), esto es, «conducir a través», de la mano, a los sentimientos más íntimos que experimentamos cada día. Igual que en el griego moderno, en el que hoy los vehículos se llaman μεταφοράς (*metaphorás*); y de ese modo resulta que caminamos por las calles de Atenas rodeados de metáforas que reparten flores.

Con el mito de los argonautas y las palabras del mar querría conduciros a través de ese umbral que estamos llamados a cruzar cada vez que algo poderoso nos sucede y nos cambia para siempre. Cuando un viento que no conocemos nos despierta del torpor del ir andando y nos sorprendemos repitiendo la frase: «¿De verdad me está pasando a mí?».

Vivimos en una época en la que las palabras parecen no ser nunca suficientes, un tiempo en el que estamos obligados a acuñar neologismos como moneda corriente para entendernos y para hacernos entender. Son, sin embargo, palabras de poca monta, carecen de valor, restan sentido a las cosas en vez de añadírselo y, lejos de hacernos más ricos, su imparable inflación nos vuelve cada vez más pobres.

Palabras que, de hecho, no quieren decir nada, meros significantes que relucen durante un verano, como una canción de la radio tarareada mientras estamos distraídos haciendo otra cosa; nos olvidamos de su significado, porque nunca lo hemos entendido o nunca nos lo han explicado.

Y así nos afanamos buscando términos nuevos para nombrar algo que, en realidad, existe desde siempre y que vivimos desde siempre, pero que, quizá, ya no sabemos decir.

Se organizan grandes debates sobre las lenguas que hay que preservar y que hay que defender de misteriosos enemigos sin rostro ni nombre: invasores, usurpadores, extranjeros.

Entretanto, mientras combatimos a un saboteador legendario como un monstruo marino blandiendo manuales de gramática o endosando toda la culpa a internet, las palabras que ya existen parecen escapársenos minuto tras minuto, como si el tiempo del decir y del saber estuviera agotándose en la clepsidra de la contemporaneidad.

El nivel del mar, de la confusión, del ruido, se eleva y, en nuestra orilla, siempre hay menos arena en la que tumbarnos y, al final, en la que hablarnos.

Tenemos la sensación de que las palabras se nos están escapando por negligencia o descuido, como un paraguas olvidado en un rincón un día de lluvia en medio de la indiferencia de todo el mundo.

Echamos la culpa de que seamos pobres a las redes sociales, a los emoticonos que aparecen en el móvil; llamamos al arte de Homero *storytelling* y «comunicación», a la publicidad, mientras que *marketing* se ha vuelto impronunciable y en su lugar se dice *lifestyle*.

Con la cabeza gacha aceptamos un moderno *ipse dixit*, pero sin saber ya distinguir quién ha dicho qué; creemos en todo y en todos sin tomarnos la molestia de verificar nada.

Lo que no nos cuadra lo llamamos *fake news* y pasamos a la noticia siguiente, en vez de hacer el esfuerzo de demostrar cómo y por qué es falso y de decirlo luego con una palabra que los niños aprenden casi de inmediato: «mentira».

Hemos confundido la política con la gestión de socavones y contenedores y, mientras tanto, nos falta una visión del mundo, navegamos a la vista en medio de la niebla, cada vez más solos y sin piloto para nuestra embarcación, arrojados al purgatorio de Dante.

No nos fiamos ya de nadie, mucho menos de nosotros, y buscamos preceptores que nos enseñen a estar en el mundo entre los *tutorials* de YouTube, mientras que desconfiamos, por ser viejo, de quien tiene experiencia.

Vivimos como un coche en medio del tráfico con la mano siempre apoyada en el claxon para que nos dejen pasar, en vez de ponernos al lado del prójimo para escucharlo. Esquivamos lo inesperado para poder decir con alivio que hemos dejado de esperar algo bueno o algo nuevo, porque «total, no vale de nada, nunca cambia nada».

Señalamos con el dedo y acusamos a la tecnología, como si hubiera nacido con el iPhone y no hace miles de años con la invención de la rueda. O bien preferimos ignorar que un teléfono móvil no se comunica por nosotros, del mismo modo que un carro o un automóvil no llegan a la meta, si no la conocemos de antemano (y si no somos nosotros los que los conducimos, nosotros, que nos desfogamos poniendo verde al navegador GPS cuando nos equivocamos de camino).

Necesitamos reglas, incluso leyes y tribunales, para amar y para odiar, sentimientos purísimos que los griegos expiaban en el teatro con las tragedias y las comedias.

Somos nosotros, hombres y mujeres, los que rehuimos las palabras, los que las evitamos, los que las usamos solo lo necesario, como si fueran peligrosas. Como si pudiéramos quemarnos al cogerlas con las manos o quemar con ellas al que las recibe. Como si temiéramos que transmitieran en diferido la irrealidad de lo que no somos, no la realidad de lo que somos en verdad. Somos los primeros que las evitan deliberadamente, porque nos obligan a hablar de nosotros con sinceridad, con precisión, con emoción.

¿De verdad estamos todos siempre y solo muy tristes o muy felices? ¿Tenemos únicamente dos palabras para designar nuestro estado de ánimo?

¿Por qué vivimos todos a bordo de una nave en la que hay tratos y no relaciones, en la que ya no existe una medida de lo que se dice y somos todos o riquísimos o muy pobres de palabras? ¿Por qué ya no somos personas, sino individuos, en la mejor de las hipótesis, o, en la peor, individualistas?

¿Adónde ha ido a parar esa amabilidad de viaje que custodia la delicadeza hacia el prójimo, navegante igual que nosotros, y gracias al cual, intercambiando con él, aunque solo sea una palabra, acabamos por descubrir que la nave en la que viajamos es, en realidad, la misma?

No, no creo que estemos perdiendo las palabras, como me habéis preguntado en las cartas que me habéis mandado, ni que haga falta conocer una lengua antigua para no permanecer en silencio ante el espectáculo de la vida.

Y menos aún creo que estemos perdiendo la intensidad de amar, de desear, de sufrir, de plantearnos preguntas y de resolver dudas, como me habéis preguntado con preocupación.

Nos enamoramos, esperamos, sentimos dolor igual que Medea y Jasón, pero hoy lo hacemos sin ruido, para no molestar. ¿Por qué los pocos que tienen la audacia de llamar por teléfono en vez de mandar un correo electrónico preguntan aterrorizados «¿te molesto?» antes incluso de decir «¿cómo estás?»?

Al utilizar cada vez menos palabras para hablar de nosotros, y, además, siempre las mismas, estamos imponiendo, de hecho, una frontera a nuestro lenguaje. Los límites de nuestra forma de decir las cosas se vuelven cada vez más restringidos y nuestro mundo resulta cada día más pequeño. Más enmudecido.

«Límite» significa en latín «travesía», «sendero», y, por lo tanto, camino menos frecuentado, frontera. La que hoy elegimos no seguir con nuestras palabras, la que preferimos no cruzar por miedo a lo que podamos encontrarnos.

Pasamos como exhalaciones por la autopista de la banalidad.

Si decir cosas tiene el poder de hacerlas reales, ¿quiénes somos en realidad?

Mejor no descubrirlo.

Y no dejar que nos descubran.

Quién sabe cómo hemos acabado por tener miedo de las palabras. Solo para eso sirven las fronteras.

Las palabras, dichas o escritas, incluso solo pensadas, no esconden nada.

Nunca.

Ponen en evidencia.

Es por medio de ellas como no solo nos presentamos a los demás, sino, ante todo, a nosotros mismos, como en una eterna primera cita, cada vez que formulamos un pensamiento.

Espero que este libro os ayude a amar más, a reír más, a pedir más a la vida, a vencer el miedo a decidir cuando la vida os pide vuestro parecer. Y, sobre todo, a no encontrar ya las palabras justas, sino las vuestras.

En el fondo, eso es lo que significa «leer», del latín *lego*: «elegir». Y solo para eso sirven las palabras: para elegirnos.

Son dos las historias que no encontraba la hora de contar.

Una más pequeña, tiene que ver con un manual en inglés de 1942: *How to Abandon Ship*. «Cómo abandonar una nave».

Se trata de un manual sobre el difícil arte de sobrevivir a los naufragios de cargueros y trasatlánticos, tan terribles y frecuentes durante los bombardeos de la Segunda Guerra Mundial.

Me enamoré de él durante un viaje a Kent hace muchos años, lo compré en la tienda de un chamarilero, lo regalé por amor y, después, lo perdí cuando perdí ese amor.

No me rendí: lo compré de nuevo en otra chamarilería.

En adelante, cada exergo que encontréis al inicio de un capítulo habrá sido tomado de ese preciado librito que, pese a su título, no constituye para mí un manual para escapar, sino un compendio de estrategias para resistir y para superar los naufragios de la vida.

No es casualidad que, entre tantos capítulos que no pasan nada por alto, desde cómo fabricar un bote salvavidas hasta cómo obtener un magnífico whisky en pleno mar abierto, la primera frase de ese breve

manual de época sea: «This manual is concerned so-
lely with human lives». O sea: «Este manual trata
exclusivamente de la vida humana».

La segunda es una historia grande —un mito más
antiguo incluso que el de Troya—, «*de todos conocida*».
Así define Homero la nave *Argo* en el canto XII de la
Odisea.

Se trata del viaje de los argonautas, los hombres a
los que Dante definió como «gloriosos» y que con su
empresa hicieron «a Neptuno de *Argo* asombrarse»
(*Divina Comedia*, «Paraíso», canto XXXIII, 96);* *Argo*,
la primera nave del mundo que surcó el mar, según
los mitógrafos antiguos.

Fascinantes son los versos que Ovidio dedica al
viaje de los argonautas en su *Metamorfosis* (libro VI,
719-721):

> Así, cuando la infancia dejó el sitio a la juventud,
> Jasón partió junto a los Argonautas a bordo de la pri-
>   mera nave del mundo y surcó el mar ignoto
> a la conquista del vellocino que deslumbra con la luz
>   de sus rizos.

Sus peripecias en busca del vellocino de oro forman
parte de una leyenda que data de los tiempos más
arcaicos de Grecia, la época micénica.

Durante milenios todo el que haya leído el poema
épico de Apolonio de Rodas, las *Argonáuticas*, se habrá preguntado qué significa esa misteriosa piel de

---

*   Dante Alighieri, *Divina Comedia*, XXXIII, «Paraíso», 96, Ma-
    drid, Cátedra, 2001, p. 739, trad. de Luis Martínez de Merlo.
    (N. de los T.)

carnero dorado sobre la que los hermanos Hele y Frixo volaron desde Grecia hasta Oriente. Hele cayó durante el vuelo y, en su recuerdo, el estrecho del mar en el que lo hizo se llama Helesponto.

Historiadores, filólogos y antropólogos conjeturan posibles colonizaciones, fenómenos naturales o astrales, cultos religiosos e intercambios comerciales.

Respuestas, todas ellas, plausibles.

Respuestas, todas ellas, humanas.

En estos tiempos de cinismo, en los que el miedo y el odio se usan de un modo tan generalizado que nos inducen a no pensar en nada más y a no amar a nadie más, he elegido una de las historias más fantásticas de la mitología griega, la de los argonautas.

Hoy, cuando parece que todo ya ha sido dicho y ya ha sido visto, la fantasía es un acto profundamente revolucionario, casi político. Y la ruta principal hacia la imaginación es solo una: el amor.

Por citar al director de cine Guillermo del Toro en el Festival de Cine de Venecia de 2017, «los Beatles y Jesús no pueden estar equivocados a la vez con respecto al amor».

Pues figurémonos los griegos antiguos, añado yo.

Desde que leía sobre Jasón y Medea en la antología del instituto, soñaba con descubrir un día qué representaba el «vellocino de oro». Curiosa expresión. ¿Quién dice hoy «vellocino» en vez de «lanas»?

Claro está, no lo he descubierto.

Sin embargo, estoy segura de que el vellocino de oro simboliza la meta incognoscible de cualquier viaje humano llevado a cabo después de aquel primero, el de los argonautas. Porque lo que Jasón encuentra en la remota Cólquide no es solo una piel mágica, sino algo mucho más insondable: el amor de Medea.

Solo por eso he vuelto a salir de viaje.

Y he escrito este libro.

Una vez más solo por amor.

PREPÁRATE

B. A. Baker, el tercer oficial del carguero Prusa, *advierte: lo más importante para cualquier marinero es prepararse. Entrenar la mente para no extraviarse, mejor dicho, mantenerse firmemente aferrado a ella. No decir jamás: «No tendré nunca miedo»; porque lo tendrás. Cuando explote un misil, tendrás la sensación de asfixiarte, con el pánico en la tripa y las rodillas temblando. Solo hay un remedio: actuar.*

La Cólquide estaba tan lejana «cuanto vemos como dista el ocaso de la salida del sol», cuenta Apolonio de Rodas pocos versos después del comienzo de su poema.

Jasón no sabía dónde estaba la Cólquide, ni cómo llegar a ella, pero sí por qué debía partir, por qué quería hacerlo: «Es la necesidad la que empuja a los hombres a zarpar».

La tarea para la que había sido llamado era la de traer a Grecia el vellocino de oro, por entonces en posesión del cruel Eetes, que reinaba sobre aquella remota región de Oriente, correspondiente a la actual Georgia.

Era solo un muchacho, Jasón, y sobre todo un hijo: nunca hasta entonces se había alejado de su casa.

Su padre era el gran Esón, rey de la ciudad de Yolco, en Tesalia, cerca de la moderna Volos; allí habitaba felizmente hasta que su tío, el cruel Pelias, usurpó el trono.

Las palabras de su tío Pelias, aquello de «Ve, agarra el vellocino de oro y vuelve. Entonces liberaré a tu padre», habían sido solo una broma a la que ningún adulto habría concedido mayor credibilidad, salvo aquel joven sin experiencia; ni del mar, ni de la vida.

Aquello de «A ver si lo consigues» había sido solo un modo de quitarse de encima a aquel chiquillo decidido a reconquistar el trono de su padre, una *boutade* de la que cualquiera se habría desentendido y habría preferido olvidar.

La empresa era, según todos decían, sencillamente imposible.

Nadie creía que Jasón regresaría a Tesalia: eran demasiados los peligros que poblaban el mar; eran demasiados los pueblos desconocidos con los que se encontraría por el camino; la Cólquide era demasiado extraña, estaba demasiado lejos.

Pensaban que se perdería para siempre y ya se habían puesto a llorar por él.

Todos habrían renunciado de antemano.

Pero solo porque hasta entonces nadie había emprendido la marcha.

La nave *Argo* era hermosísima, «la mejor nave entre cuantas, a fuerza de remos, se han aventurado a hacerse a la mar»; pero Atenea no la había diseñado para que permaneciera amarrada en el puerto.

Ya había aguardado demasiado tiempo en él, la primera nave construida por un ser humano, por el carpintero cuyo nombre llevaba.

Sobre su navegación velaría la diosa Hera, que se la confió al timonel Tifis, capaz de prever la dirección de los vientos y de discernir la ruta observando el sol y las estrellas.

Argo había sido construida para navegar hacia lo desconocido y, después, volver a casa.

Aguardaba solo a alguien dispuesto a partir.

Argo aguardaba a alguien como Jasón.

Frente al miedo de aquello a lo que nadie se habría atrevido nunca, el muchacho pidió ayuda a sus amigos más queridos. Y ellos no lo dejaron solo mientras contemplaba la infinita extensión del mar.

Fueron cincuenta los hombres de toda Grecia que corrieron en su ayuda. Entre ellos los dos dióscuros, Cástor y Pólux; Zetes y Calais, hijos de Bóreas, que con sus alas de oro en los pies se mecían al viento; el poeta Orfeo; el adivino Mopso; y Heracles, famoso por su fuerza y por su valor.

También el hijo del malvado Pelias, Acasto, optó por dejar la casa de su padre.

Un día, muchos siglos después, el afán de madurez de todos ellos sería celebrado por Píndaro en la pítica IV con estas conmovedoras palabras:

> Hera iba encendiendo en estos semidioses un dulce deseo por la nave Argo, para que ninguno quedara rezagado y al margen, junto a su madre, pudriéndose lejos de los riesgos de la vida, sino que la prueba de su valor lo encontrara junto a los compañeros de su misma edad, aunque fuera a costa de morir.

Quedarse rezagado, quieto, en tierra, mientras la primera nave del mundo estaba a punto de zarpar, equivalía a seguir siendo un muchacho para siempre.

Sin ponerse a prueba, aun a costa del miedo y del dolor, todos ellos habrían desperdiciado su vida como bobos, sin sabor, como pan sin sal.

No habrían llegado nunca a adultos, sino que se habrían hecho enseguida viejos, con sus músculos ágiles entorpecidos ya por el hecho de repetir siempre los mismos pasos, siempre los mismos gestos.

Todos aquellos jóvenes estaban decididos a descubrir la fuerza necesaria para hacerse mayores: su ímpetu los hacía «sobresalir como estrellas tan luminosas que cortaban las nubes»: tal es la belleza que da el valor de partir, según Apolonio de Rodas.

Algunos sabían ya, gracias a la voz potente de los oráculos, que no iban a regresar a casa y que iban a morir mientras erraban por mares lejanos. Sin embargo, de cualquier modo, prefirieron partir antes que seguir siendo siempre pequeños e ignorantes. Todos prefirieron intentar ser héroes.

Ninguno de ellos lo era; a lo sumo eran semidioses, hijos de una divinidad y un ser mortal.

En la Antigüedad no existía un estatus indiscutible de ἥρως ($h\acute{e}r\bar{o}s$), «héroe», como si se tratara de un hecho consumado: el valor, la fuerza, la virtud, el ingenio eran tales solo si eran puestos a prueba ante el mundo. De nada servían los orígenes, el estatus social, la ciudad de procedencia: héroe no se nacía.

Se elegía, eso sí, llegar a serlo, al aceptar afrontar una serie de empresas cuyo fin supremo era ayudar a los demás; para dar a conocer a todo el mundo lo desconocido y para avanzar en el camino que otro ya había recorrido.

La medida de los héroes la proporcionaba la experiencia de superarse a sí mismo, no el resultado.

Fracasar no contaba: no era héroe quien ganaba, sino también el que lo había intentado. De Héctor y Aquiles recordamos el valor ante las murallas de Troya, no su derrota; la gloria por la que combatían los hizo inmortales mucho más allá de la caída de la ciudad, héroes para siempre.

Era héroe quien aceptaba el reto de medirse con algo más grande que él, para ser mayor, para ser grande para siempre.

Inverosímil, pero deslumbrante de sentido, era la etimología de la palabra «héroe» que proponía Platón en su diálogo *Crátilo*. Según el filósofo ateniense, la fuerza que impulsa a los hombres a convertirse en héroes solo es una: ἔρως (*érōs*), «el amor». Simplemente la duración, larga o breve, de las dos vocales η/ε distinguía en el griego antiguo estas dos valiosísimas palabras.

Antes de partir Jasón no se había enamorado nunca.

Una gran multitud acudió al puerto para admirar a aquella hueste de audaces; las mujeres levantaban los brazos al cielo para rogar a los dioses que les concedieran feliz término a su regreso.

Su nombre era invocado en todas las calles de la ciudad.

Aquellos muchachos dispuestos a zarpar fueron llamados por siempre con el nombre de la nave a la cual habían decidido pertenecer: argonautas.

Dulce es el coraje de partir, si se conoce por qué salimos de viaje. Y «con dulces palabras» Jasón consoló a su anciana madre, que, con el corazón «encadenado por la desdicha», lo estrechó entre sus brazos temblorosos. El dolor la había convertido en una niña.

Su miedo era tan grande que no podía derramar todas las lágrimas que la agobiaban.

No eran los riesgos del viaje por mar lo que temía Alcímeda. Temía un peligro más grande todavía: la añoranza.

Temía morir mientras echaba de menos al hijo adorado, tan lejos, antes de que regresara. El suyo es el mismo miedo que experimenta cualquier madre cuando su hijo abandona la casa por primera vez, aunque solo sea por una noche.

El padre también lloraba.

Jasón consoló a sus progenitores, pero no aceptó el chantaje de su dolor.

No cambió de idea; es más, dijo esto a su madre:

Madre, no te abandones así a la angustia de un tor-
     mento tan cruel por mi causa,
Porque con tus lágrimas no apartarás de mí los peligros;
por el contrario, no harías más que añadir un nuevo
     dolor a mis dolores,
Pues los dioses distribuyen entre los mortales sufri-
     mientos imprevisibles;
Por afligida que estés en tu ánimo, resígnate a sobrelle-
     var tu parte,
como yo me he resignado a sobrellevar la mía.

Así se separó Jasón por primera vez de su familia, dispuesto a partir para ponerla a salvo (y para salvarse de todos cuantos le habían dicho que nunca lo conseguiría).

Demostraría que se equivocaban, que ningún viaje, por desconocido que sea, es imposible, si se conoce la meta.

Y él sabía adónde debía conducir a *Argo*: hasta allí, hasta la Cólquide, en busca del vellocino de oro, la mágica piel de carnero de la que todo el mundo había oído hablar, pero que nadie había visto.

Todavía no conocía la ruta, ni sabía con quién se iba a encontrar durante la travesía, pero eso no importaba:

> Todo cuanto conviene para armar un navío,
> todo está en orden y dispuesto para la partida, junto con la tripulación.
> No hay motivo, pues, para retrasar la marcha de la expedición.

Jasón fue el primero en aplicarse a la tarea, colocó las velas en el mástil de la nave y puso las cuerdas a secar en las rocas de Yolco, que «siglos de tempestades habían lavado».

Todos los amigos se habían precipitado a imitarlo: «Apoyaron a la vez el pecho y las manos en los remos. Entonces embarcó Tifis, que marcaba a los jóvenes el ritmo de sus fatigas».

Argo estaba dispuesta y, con ella, los argonautas.

Fue entonces cuando, por vez primera en la historia del ser humano, una nave «se deslizó hasta el mar».

HORA DE ZARPAR

Si todo va como debe ir, si todo está listo y el peso está bien repartido dentro del buque, no hay ninguna necesidad de seguir llevando puesto el salvavidas. Tiradlo al fondo de la nave y no penséis más en él. Zarpad.

«Cuando la fúlgida Aurora con sus ojos resplandecientes dirigió su mirada a las escarpadas cimas del Pelión y el mar, agitado por el viento, batía los serenos promontorios», el timonel Tifis llamó a sus compañeros: había llegado el momento de embarcarse. Era hora de zarpar.

Se elevaron gritos altísimos en el puerto y la propia nave *Argo* bramó: en medio de la quilla era custodiado un madero mágico capaz de hablar, el tronco de una encina del oráculo de Dodona, que Atenea había regalado a aquellos muchachos para aliviar la soledad de la travesía.

Los argonautas iban sentados en la nave junto a los remos. También el potente Heracles ocupó su puesto en los bancos, aunque no dejó su clava en tierra: bajo su peso el casco de *Argo* se hundió un poco.

La botadura de una nave es un momento irrepetible: tocada por primera vez el agua salada, levadas las anclas, no volverá nunca más a ser virgen, destinada ya para siempre a navegar.

Olvidarse de festejar los cambios de la vida supone traición o negligencia.

La nave *Argo* estaba a punto de hacerse mayor, completa, gracias a ellos, y los muchachos celebraban su paso de la tierra al mar. Algunos vertieron vino purísimo en el agua, otros entonaron cantos al son de la cítara de Orfeo.

Finalmente *Argo* partió.

El negro oleaje del mar bullía a un lado y otro de la nave,
borbotando entre espuma bajo el empuje de unos re-
    meros tan vigorosos.
Fulguraban al sol sus armas, semejantes a llamas de
    luz,
al avanzar la nave; y tras ellos blanqueaba
una estela larguísima, semejante a un sendero
que se divisa en medio de una verde llanura.

También los dioses contemplaban desde el cielo la primera nave que había surcado el mar y a aquellos muchachos hermosos como príncipes que la impulsaban con sus propias manos. Las ninfas se maravillaban y suspiraban fascinadas.

El viento se abatió sobre las velas con un fuerte silbido y *Argo* empezó a avanzar a toda velocidad.

Todos los argonautas miraban orgullosamente hacia delante, hacia puertos que todavía no veían y no conocían, ebrios de valor y de ansias por lo desconocido.

Solo Jasón, su comandante, se concedió el lujo de mostrarse frágil: la Antigüedad era un tiempo en el que llorar se consideraba un gesto humano, más aún, heroico, no una debilidad.

El miedo se apoderó de él, junto con la añoranza. ¿Volvería alguna vez a casa?

Pero entonces Jasón apartó la mirada y los ojos lloro-
sos de la tierra paterna que ya se alejaba.

A menudo las lágrimas son el mejor modo que uno
tiene de prepararse para lo nuevo.

Lágrimas de alegría o de dolor, poco importa, pero
que a menudo salvan la vida. Porque, ofuscando los
ojos con el llanto, suspenden por un momento la visión de aquello que estamos perdiendo para siempre.
Los ojos ya no ven el abandono, se libran del peligro
de la añoranza, de la tentación de la renuncia.

Sin embargo, cuando, ya secos, vuelven a abrirse,
es el espectáculo de lo que se ha conseguido hacer
realmente, sin más demoras, el que se despliega ante
nosotros como una pintura nunca vista antes.

Todos deberíamos acordarnos de llorar más a menudo; sirve para no mirar hacia atrás, sirve para mi-
rarnos por dentro con los ojos cerrados y, luego, una
vez abiertos, para mirar hacia delante.

El instinto de cambiar, la fuerza de elegir, el valor
de amar, el honor de ser fiel, ante todo a uno mismo,
la capacidad de hablar de uno; esos son los elementos
que permiten a los seres humanos de todas las épocas
vivir con plenitud y dignidad.

Cada día, todos los días, hasta el último, sentimos
ese escalofrío.

Deberíamos festejarlo, porque es la única prueba
irrefutable del hecho de estar vivos.

Y de estar en el mundo para hacer algo grande,
cuya medida solo somos nosotros.

Es la emoción que sentimos desde la infancia, a
partir de aquel primer día de clase que no hemos olvidado nunca del todo. Si volvemos la vista atrás, lle-

gamos a sentir una dulzura infinita por esa imagen borrosa de nosotros, bien peinados, ahí, en el umbral, atentos a descubrir la multitud de sentimientos que pueden experimentarse a la vez.

Deseo de descubrir qué pupitre nos tocará, curiosidad por conocer a nuestros compañeros de clase, miedo hacia la maestra, libertad de estar, durante unas horas, lejos de los ojos vigilantes de nuestros padres, temor del juicio de los demás, esperanza de encontrar algún amigo, el mejor, para toda la vida.

Es el estremecimiento que comporta encontrarnos ahí fuera, en el mundo, solos por primera vez, y que seguirá repitiéndose otras primeras veces imprevisibles y nunca agotadas: desde el aula de una escuela primaria de provincias hasta el pasillo de una gran universidad; desde el despacho en el que por fin trabajamos después de muchas entrevistas hasta la sorpresa de sentirnos enamorados de alguien que hemos visto solo una noche y que no acertamos a dar con la hora de volver a encontrar.

Es la embriaguez de la tarea que se nos ha confiado y que solo nosotros podremos desempeñar: conocernos y hacernos conocer por los demás.

Sin embargo, cuanto más hacia delante seguimos con nuestra vida, más se complica todo, las relaciones se vuelven más difíciles, las responsabilidades son mayores, los deseos, más grandes, las pasiones, más inusuales; ya no somos como todos los demás que nos rodean, nos hemos elegido y nos hemos descubierto raros, cada uno a su manera.

Y así, por miedo, rechazamos ese instinto que nos pone en entredicho, cada día, como si fuera el primero. Porque lo es. Siempre.

Preferimos no escucharlo, fingir que nos olvidamos de él.

«Ya no eres un niño», nos decimos mientras nos encogemos de hombros.

«Ya has visto bastante.»

Resulta que, en un determinado momento, ya no queremos sentir ese escalofrío que nos sacude y lo confundimos con una corriente de aire frío que disturba nuestro torpor, nuestras costumbres.

Entonces recurrimos a coartadas con las que taparnos, con las que abrigarnos.

Nuestros pasos se vuelven previsibles, pesados, como en la nieve del invierno, hasta que dejamos de caminar.

Se sigue hacia delante, preferimos reaccionar y no nos damos cuenta de que vamos hacia atrás.

Empezamos a refunfuñar de los lunes de la vida, de los imprevistos, de las continuas primeras veces; dejamos de ser curiosos, no queremos nada nuevo —«basta, gracias, ya estoy bien así»—; queremos que cada día sea domingo, seguir sumidos en la tranquilidad de nuestro pequeño sofá y de nuestras pequeñas seguridades.

Escapamos del instinto de vivir y reclamamos las vacaciones de la vida. «Vacaciones» que, sin embargo, significan «carencias», «ausencias».

Estamos todos muy ocupados con el esfuerzo inútil de rechazar ese instinto tan humano de partir.

Y, al anochecer, estamos cada vez más cansados, más vacíos.

Si solo nos diéramos cuenta de cuántas energías requiere nuestro afán cotidiano de suprimirnos, de mentir, de no decir para no mostrar...

Si solo nos quitáramos los pesados zapatos para intentar andar descalzos, para saborear lo esponjosa que es la hierba recién cortada y lo ligero que es el viento…

Si solo dejáramos que remontaran el vuelo las alas de los pies que todos tenemos, por más que no se vean, como las que tenían los hijos del viento que zarparon en la nave *Argo*…

Si solo no nos olvidáramos de que, en otro tiempo, fuimos argonautas a los que no importaba nada que los demás dijeran: «Es imposible»… Para nosotros no solo era posible, sino obligatorio. Teníamos la urgencia, la necesidad de probar, para luego vivir.

«Incompleto», ese es el calificativo exacto que define lo que nos pasa a todos, viajeros sin rumbo.

También a ti.

A ti, que has perdido el control de tu nave.

Una tempestad ha magullado el casco.

O tal vez ha encallado en algún punto que no estaba previsto en tus mapas, que no estaba señalado, y ahora ya no puedes decir: «No depende de mí, no es por mi culpa». Tienes razón; pero no sirve de nada.

O quizá has arribado a otra parte, no al puerto que te habías fijado de antemano. Un puerto extraño en el que siempre serás un extraño para ti mismo.

Experimentas por primera vez la irreversibilidad del viaje que has emprendido.

Hasta el gran Gatsby fracasó, no consiguió que el pasado volviera sobre sus pasos.

En el horizonte no se ve la luz de ningún faro.

Ni siquiera unos prismáticos te divisan.

¿Por qué iban a hacerlo? Ya nadie mira a los demás.

Estos son tiempos de ojos cóncavos.

Es necesario un cambio de rumbo.

Te llueve dentro, a popa, a proa y en el centro. Escoge tú dónde.

La mejor manera de estar listo para la realidad es usar la fantasía.

Sin embargo, hace demasiado tiempo que no te das el lujo —que en el mar se llama «prudencia»— de imaginar lo imprevisto.

Agua inesperada que entra, la misma que hasta hace poco observabas sonriendo, como si fuera una amiga, como si fuera alguien de tu familia. No lo era. ¿Cómo se te ocurrió siquiera pensarlo?

«No puede pasarme a mí.»

Exacto. Cierto. Totalmente cierto.

Si quieres, puedes seguir pensando así, cierra los ojos otro rato, respira, disfruta del viaje, haz fotos; les pondremos unos corazoncitos si te gustan, emoticonos con la sonrisa hacia abajo si estamos apenados; ahora solo podemos hacer eso por ti, al estar lejos.

Eres libre de ignorar que existen los submarinos de la vida, con sus imprevistos misiles, fuera de tu radar; pero tú estás en el suyo, no te quepa ninguna duda.

O bien están los escollos, los bajíos, las corrientes adversas, los monstruos marinos, el iceberg que hundió el *Titanic* mientras la orquesta seguía tocando ante la catástrofe.

«La mar llana y serena», una expresión que muchos se repiten, salvo los marineros. Tú también te lo has repetido, hasta la saciedad. Has confundido tu nave con un transbordador, has vivido como un trabajador de lo conocido, que cada día va y vuelve a su destino. Turista que viaja de una orilla a otra.

Ahora ante ti solo está lo ignoto.

«Ignoto», o sea no percibido, no observado, no conocido antes.

Lo contrario de lo que estaba escrito en el umbral del templo de Delfos: γνῶθι σαυτόν (*gnōthi sautón*). El aviso para todos los que acudían desde cualquier rincón de Grecia a hacer una consulta al oráculo. Es decir, antes de pedir cuentas del futuro a otro, descubres lo único que ya sabes y que nadie podrá decir por ti: «Conócete a ti mismo».

Dos mil años después, quizá recuerdes la película *Matrix*.

En la cocina del Oráculo aparece reproducida la misma frase, pero en latín: *Temet nosce*.

Está ahí para recordar al elegido, Neo, que el conocimiento de uno mismo es la única forma de alcanzar un nivel superior.

Lleno de confusión, Neo pregunta cómo puede saber uno si ha sido elegido y si verdaderamente ha llegado el momento de partir. La respuesta del Oráculo cabe entera en una sonrisa: no hace falta que nadie nos diga si estamos enamorados o no. Se siente y basta.

¿Y tú qué sientes?

¿Cuánto te conoces?

¿Y cuánto de ti todavía desconoces?

FLOTACIONES

En breve, la experiencia y las leyes de la física demuestran que los hombres disponen de más tiempo para salvarse de un naufragio del que normalmente se conceden a sí mismos.

No abandonéis vuestra nave, a menos que no tengáis más alternativa.

Esta es la explicación de la flotación —el arte de mantenerse a flote— que cuando vayáis por mar no debéis olvidar nunca.

Tras zarpar del puerto de la ciudad de Yolco, con las velas henchidas por el viento, ¡qué hermosa era la nave *Argo* viajando por primera vez por el mar!

Los peces, grandes y pequeños, saltaban fuera de las
    profundas aguas
y seguían la estela de *Argo* brincando juntos a través
    del húmedo camino.
Como cuando tras los pasos del rústico pastor marcha
    hacia el redil
un gran rebaño de ovejas, bien saciadas de hierba, y él
    camina delante de sus animales
tocando dulcemente con su zampoña una melodía bu-
    cólica, así los peces
iban tras la nave que un viento impetuoso propulsaba
    sin tregua.

A primera hora de la mañana los argonautas descubrieron ante sí el monte Atos, que arrojaba ma-

jestuoso su sombra sobre todas las islas a su alrededor.

Durante todo el día navegaron empujados por ge-
nerosas corrientes y, cuando al atardecer, el viento
enmudeció, hicieron escala en la isla de Lemnos, en
la parte septentrional del mar Egeo, en la ruta que
conduce al Bósforo, su destino final.

¿Cómo se vive sin amor?

Como en la isla de Lemnos, llena de rocas y sin
sentimientos.

Desde hacía tiempo ya nadie en la isla podía enamorarse; nadie había querido ya volver a hacerlo,
pues amar de verdad exige mucho esfuerzo.

Afrodita estaba furiosa con sus habitantes, porque, al estar demasiado ocupados en llevar a cabo la
rutina de sus quehaceres cotidianos, se habían olvidado de ella y la habían privado de su respeto y de los
debidos tributos.

Todo en la isla había quedado reducido a la costumbre, al trabajo práctico que había que llevar a
cabo, «cosas que hacer» antes de irse a la cama por la
noche, cansadísimos, el de Lemnos, donde el afecto
había sido desterrado, era un tiempo sin sorpresas, en
el que no había nada por conocer.

Entonces se había abatido sobre la isla una terrible —«despiadada»— desgracia. Los hombres, cansados de amar a sus mujeres y de querer a sus hijas,
eran presa de pulsiones violentas e irracionales que
los inducían a raptar, como si fueran un botín, mera
mercancía sin alma, a las extranjeras de las costas si-
tuadas enfrente de la isla.

«Infelices, miserablemente desenfrenadas de celos», las mujeres de Lemnos decidieron entonces exterminar a toda la estirpe masculina, para quedar al fin libres de las continuas humillaciones y faltas de atención por parte de sus propios hijos, padres y maridos.

No los necesitaban para vivir, desde luego, pensaban ellas; podían conducir muy bien ellas solas las manadas de bueyes y los rebaños de ovejas, arar los campos y hasta prepararse para la guerra.

En vez de intentar recuperar el amor perdido, aquellas mujeres habían preferido renunciar a él para siempre y matar con sus propias manos a los hombres a los que habían amado o a quienes habrían podido amar.

Pensaban que vivían seguras sin amor, pero, cada día que pasaba, aumentaba su inseguridad; a eso se llega cuando se esconden los peligros debajo de la alfombra, en vez de enfrentarse a ellos.

Así pues, las mujeres de Lemnos salían adelante en medio de la soledad y, sobre todo, en medio del terror de que alguien descubriera su crimen.

Cuando la nave *Argo* atracó junto a la isla, las mujeres, armadas para la guerra, se precipitaron hacia la playa para ver quiénes eran aquellos desconocidos que habían desembarcado en su tierra y qué intenciones tenían; cualquier hombre sobre la faz de la tierra les recordaba el grave delito que habían cometido y, al mismo tiempo, planteaba la posibilidad de salvarse de una existencia de aislamiento y de privación.

[…] En su incertidumbre afluían
sin pronunciar palabra, tal era el temor que se cernía
sobre ellas.

Sin saber nada de lo que sucedía, los argonautas enviaron un mensajero con la misión de comunicar su voluntad de detenerse en Lemnos una sola noche antes de reemprender la marcha.

Sin embargo, al amanecer los héroes no pudieron zarpar, pues el viento les era adverso.

En la ciudad, mientras tanto, las mujeres se habían reunido en asamblea para decidir qué hacer, bajo la guía de su reina, la dulce, pero completamente endurecida, Hipsípila.

Esta ocupaba el trono que había sido de su padre, el anciano Toante, el único hombre de Lemnos que se había salvado de la catástrofe. Lo cierto es que la joven lo había escondido en un cofre de madera y lo había confiado a las olas del mar; después, unos pescadores lo habían sacado del agua y lo habían puesto a salvo.

No había sido por remordimiento por lo que la muchacha había ayudado a su padre, sino porque, a pesar de todo, el amor seguía vivo en ella, aunque reprimido, ahuyentado, detestado. El amor está siempre vivo en nosotros, incluso cuando ya no queremos sentirlo; y su llamada resulta tanto más punzante cuando se dice «nunca más».

Nerviosa y susceptible, la reina propuso a las mujeres que enviaran a los argonautas la mayor cantidad posible de regalos: comida, vino dulce, cualquier cosa que fuera útil para el barco, con tal de que los hombres permanecieran fuera de las murallas de la ciudad y no se atrevieran a dar un paso hacia ellas.

Si hubieran entrado, habrían descubierto lo que habían hecho con sus hombres: la «gravísima acción que cometimos».

Sobre todo, si hubieran entrado, a las mujeres de Lemnos les habría resultado imposible ignorar la. ocasión de volver a vivir, amando, que la fortuna les había ofrecido.

Hipsípila les propuso, pues, que fingieran ser felices para ocultar su auténtica infelicidad.

Que se esforzaran por sonreír, cuando lo único que habrían necesitado era llorar su dolor y lamentar su error.

Que continuaran fingiendo que no pasaba nada, en vez de intentar cambiarlo todo.

Habló, y ninguna supo qué responder.

Permanecieron sentadas, tristes y en silencio, con los ojos fijos en el suelo, con las manos en el regazo, pensando en los hijos que no tendrían nunca, en la sorpresa del amor que no conocerían nunca. Fantaseaban como chiquillas, porque habían seguido siendo unas niñas al decidir eliminar para siempre la constancia que exige el amor y vivir tranquilas, sin turbaciones, sí, pero pasando noches silenciosas llenas de pesadillas, no de sueños.

De repente, se levantó una anciana, que apenas si se tenía en pie, y se apoyó en un bastón.

En medio de la asamblea, con la espalda encorvada, empezó a hablar así a las lemnias:

Y si alguno de los bienaventurados alejara de nosotras
    este peligro presente,
otras penalidades incontables, mayores que la guerra,
    nos aguardan en el futuro.
Cuando ya las mujeres ancianas perezcan y las más jóvenes
lleguéis sin descendencia a la odiosa vejez, ¿cómo viviréis entonces? ¡Infelices!

¿Pensáis acaso que los bueyes se uncirán solos al yugo
  en las fértiles tierras de labranza,
y hendirán el arado en los surcos de los campos de bar-
  becho,
de modo que, apenas cumplido el ciclo anual, segarán
  por vosotras las espigas?
[…]
Meditad bien lo que os digo, sobre todo las más jóvenes,
  pues ahora tenéis al alcance de vuestras manos un remedio eficaz.

La asamblea prorrumpió en un aplauso de liberación;
por fin una de ellas, y, además, la más débil, había
encontrado el valor necesario para reconocer cómo
vivían solitarias e independientes.

Las mujeres de Lemnos estaban solas, pero, sobre
todo, eran «infelices».

La felicidad y la infelicidad no son casi nunca una
situación de hecho, un premio o una condena de la
existencia, una condición inmutable de alegría o de
desesperación.

Antes bien, su sentido profundo se oculta en la
mutación; en lo que, por ser felices o infelices, somos
o no somos capaces de hacer por nosotros y por
los demás, esto es, por cuantos nos rodean.

«Feliz», del latín *felix*, deriva de la misma raíz ver-
bal *fē-* que *fecundus*, «fértil», «productivo».

Fecundos no son solo los campos de grano; fecundos somos nosotros, que, gracias a la felicidad, podemos sorprendernos haciendo gestos o realizando acciones que no habríamos imaginado nunca.

Ser feliz no significa, pues, no tener problemas ni
contratiempos, y vivir un estado imperturbable de

quietud, la denominada «tranquilidad», la «calma», tal vez el *relax*, como anuncian los folletos de los *resorts* de cualquier playa exótica.

Antes bien, la felicidad es lo contrario: la energía de actuar, la alegría de hacer, las ganas de cambiar, de ser fértiles, de ver brotar las flores que somos.

Y la infelicidad es lo contrario: la incapacidad de movernos, de sacudirnos de encima pensamientos pesados, la imposibilidad de dar un solo paso más.

Ser infeliz quiere decir no hacer nada, no decir nada, no amar a nadie; negar la fecundidad de la vida, tan imprevisible, y preferir la esterilidad, la ausencia de acontecimientos.

Felicidad e infelicidad: una es acción; la otra, inacción. Una es impulso hacia lo alto; la otra, deslizamiento hacia abajo.

¿Acaso no se dice «dar saltos de alegría» o, al contrario, «venirse abajo»?

Para nosotros resulta difícil advertir que ser felices o infelices no es un estancamiento, sino un proceso continuo y, por tanto, un movimiento.

A menudo nos parece que la tristeza que sentimos durará siempre y que, al contrario, la felicidad es un intermedio rapidísimo destinado a acabar enseguida. Las dos nos dan miedo.

Casi siempre logramos comprender sus mecanismos solo mirando hacia atrás, no hacia delante, con el efecto de cámara rápida con el que la memoria se divierte engañándose; como en esos documentales en los que las semillas se convierten en frutos en pocos minutos por medio de fotogramas rapidísimos que omiten el tiempo, las estaciones y todas las mariposas que han hecho falta.

Sin embargo, una noche serena y estrellada o una mañana gris y nublada no son nunca una fotografía perpetua y estática del cielo; si existen las nubes, es para traer la lluvia y, después, dejar sitio al sol.

La reina agachó la cabeza y respondió con un suspiro:

Así que estáis todas de acuerdo. Como queráis.
Enviaré de inmediato un mensajero a la nave.

Y, enseguida, acudió una representante suya para comunicar a los argonautas que podían entrar en la ciudad como amigos, sin miedo. Y que la reina se sentiría muy complacida de recibir en su morada al hombre que estaba al frente de la expedición.

Hipsípila no sabía que no había ningún hombre al mando de la nave *Argo*.

Era solo un muchacho, Jasón, que no conocía el amor, sino que, por el contrario, lo había rechazado antes de que llegara.

Cuando la bellísima y valiente cazadora Atalanta había sugerido que estaba dispuesta a seguir a los argonautas en su viaje, Jasón la había disuadido y había rechazado su propuesta por temor a todo aquello que suscita la pasión en los seres humanos: no quería a una mujer a bordo, no se sabía qué podía esperarse de ella; creía, de forma desacertada, que eros era la guerra y no el acuerdo.

El capitán de los argonautas y la reina de Lemnos estaban ahora a punto de encontrarse por primera vez.

Tenían en común la misma soledad y la misma cobardía; la misma necesidad de amar y de ser amados.

Una mañana de verano hablaba con un amigo que desde hace tiempo lleva enseñándome el arte del cariño, del cual todavía soy solo una aprendiz.

Le contaba mi incapacidad para llorar y el triste agotamiento que llevaba dentro, siempre en vilo, a flote. Me sentía siempre así.

«Tienes un gran peso en el corazón», me dijo.

«¿Y cómo puede una volverse más ligera?», le pregunté.

Me respondió con una sola palabra, una palabra que tiene un sonido hermosísimo, pero que, en realidad, es un gerundio imperativo, de esos que no admiten réplica:

«Amando.»

Jasón, en su inconsciencia, se encaminó hacia la ciudad «semejante al astro refulgente», la luna llena a la que ningún hombre y ninguna mujer saben negar una mirada de asombro en las noches de estío, si quieren decir que están vivos.

Las mujeres de Lemnos se arremolinaban a su alrededor, llenas de gozo por la presencia del extranjero. Pero él avanzaba
sin cuidado, con los ojos fijos en el suelo, hasta que llegó al espléndido palacio de Hipsípila.

La reina se hallaba sentada en su trono.

Cuando lo vio, sus mejillas se pusieron del color de la granada.

Hipsípila estaba viva como una naturaleza muerta, la técnica pictórica o fotográfica que los ingleses llaman de un modo totalmente distinto y bellísimo: *still life*. Literalmente, «vida inmóvil», no muerte, sino aún vida, pues hay mucha vida en esas frutas jugosas, pero inmóviles, dispuestas sobre un fondo indefinido sin que nadie pueda morderlas. Su sabor solo puede intuirse por los juegos de luz y de sombra, del mismo modo que la emoción de aquella mujer se revelaba en aquellos momentos únicamente por medio de su rubor.

Fue, sin embargo, con «estudiadas palabras» como se dirigió a Jasón.

La reina prefirió mentir, por vergüenza.

Decir casi la verdad; ese «casi» con el que ahuyentamos siempre nuestra sinceridad, movidos por no sé qué recato o por temor al juicio de los demás y acabamos, en consecuencia, hablando de nosotros, pero no con apasionada precisión, sino con «estudiada» vaguedad.

De lo que sí habló Hipsípila al extranjero fue de la soledad y de la tristeza de las mujeres de la isla, pero también de los maridos que habían emigrado para cultivar «la nevosa y fértil campiña de Tracia» y de los hijos varones que habían preferido seguirlos a tierras lejanas.

Y de inmediato ofreció a Jasón el cetro de la isla, si a cambio aceptaba quedarse para siempre en ella y habitarla junto con sus compañeros, los argonautas; desde luego, Lemnos les gustaría, pues «supera por la abundancia de sus mieses a las demás islas, cuantas pueblan el mar Egeo».

La reina, pues, se jactó de la fecundidad de su tierra, pero ocultó la esterilidad de una vida sin amor.

En realidad, habló de toda la infelicidad de Lemnos, pero no con palabras, sino por medio de las señales que las palabras esconden.

Al quedarnos sin palabras, hoy nos vemos obligados a deconstruirnos en vez de construirnos. Y a de-
construir al prójimo para comprenderlo; como si fuera un puzle o, mejor dicho, una torre de Lego, los
ladrillitos que dan forma a la fantasía para convertirla en realidad y cuyo nombre siempre me ha recordado
uno de los verbos griegos más irregulares, λέγω (*légō*),
que significa «decir».

Como escribía el filósofo Wittgenstein, es el lenguaje el que delimita nuestro mundo y son nuestras
palabras las que lo crean, las que lo hacen pequeño o,
al contrario, inmenso, como los paisajes coloreados
que confeccionábamos de niños.

Debemos interpretarnos a nosotros y a los demás
por los más mínimos gestos, casi insignificantes, porque la señal se ha convertido en la única lengua capaz
hoy de hablar de verdad, con sinceridad, mientras
que nosotros nos hemos vuelto «estudiadamente» mudos.

Un constante refunfuñar a solas, pensando que
nadie nos oye, aunque estemos en la habitación de al
lado.

Unas disculpas exageradas, cuando no ha pasado
nada grave; y, en realidad, nos disculpamos de otra
cosa que el otro no puede saber.

Un silencio que no es paz, sino una guerra no de-
clarada.

Está abriéndose camino un arte nuevo, la filología de los SMS, practicada por amigos a los que se
convoca, como si se tratara de un cónclave, para descifrar los mensajes de aquellos a los que amamos.
Resulta imposible aceptar que esas palabras que cen-
tellean en la pantalla expresan en verdad el pensa-

miento del remitente; no nos fiamos, buscamos lo dicho en lo no dicho, porque eso es lo que queremos oír que nos dicen.

Y a menudo no nos equivocamos. Hacemos bien en no fiarnos.

Por esa ironía irrebatible que solo posee la vida, confiamos nuestras verdades a los *P. S.*, que se nos escapan por casualidad, como si fueran un botón descosido, detallados en ulteriores detalles no dichos, en ulteriores *P. P. S.*, y así sucesivamente.

Una locución latina, *Post scriptum*, que significa «añadido», escrito después, una vez firmada ya la carta, una vez hecha ya la despedida, gracias y «hasta la vista».

Como si antes no quisiéramos, no pudiéramos hablar y la realidad se nos escapase por mero instinto; pero solo después, no antes. Antes de todo.

«Hipsípila querida, de buen grado aceptaríamos la
    ayuda que nos ofreces y que necesitamos.
Nuestro corazón te lo agradece. Volveré a la ciudad
después de que haya referido punto por punto
todo lo que me has dicho. Pero conserva en tus manos
    el cetro
y el gobierno de la isla. Si los rechazo no es por des-
    precio,
sino porque me apremian las duras pruebas que me
    esperan.»
Así dijo Jasón, y le acarició la diestra.

Jasón agradecía a la reina su oferta, pero también estaba decidido a reemprender la marcha tras aquella breve parada en la isla.

Acababa de partir, la remotísima Cólquide y el vellocino de oro lo aguardaban, no podía aceptar el trono de Lemnos y ocupar un lugar que no era el suyo;
navegaba por el trono de Yolco.

Sin embargo, consoló a la reina con un gesto de
cariño capaz de aliviar la tristeza mejor que las palabras: rozó apenas su delicada mano.

Una caricia. La primera en la vida de Hipsípila.

¿Os acordáis de la primera vez que alguien tomó
vuestra mano entre las suyas y os llevó aparte?

No importa que fuera por el pasillo de una escuela, en un pequeño parque o en una playa de veraneo;
lo que verdaderamente amasteis fue su mirada segura
y os dejasteis llevar a otro lugar por otra persona distinta de vosotros.

Jasón regresó con sus compañeros a la nave *Argo*,
mientras por doquier las mujeres de Lemnos «se
arremolinaban a su alrededor llenas de alegría».

No tardaron en llegar a la playa regalos de hospitalidad, primicias y atrayentes mensajes de amor.

Los argonautas aceptaron por fin la invitación de
aquellas muchachas y, como comenta casi con ironía
Apolonio de Rodas, a las mujeres:

> […] no les resultó difícil llevárselos amablemente a sus
> casas
> como huéspedes, pues Afrodita inspiró en los héroes
> un deseo amoroso.

Llegó el crepúsculo y toda la isla se convirtió en un
frenesí de bailes y banquetes.

Y, al final, entre cantos y sacrificios, se propiciaba, por encima de cualquier otra divinidad, a Afrodita, la diosa del amor, para pedirle perdón.

Solo un argonauta permaneció en la nave, lejos de todo aquello, prudentemente pensando en la ruta que tenían por delante.

El único que pasó aquella noche solo fue Heracles, el más fuerte de todos.

Los días pasaban, uno tras otro se sucedían, al fin fecundos. Al fin, felices.

El viento había vuelto a ser propicio, pero los argonautas no se preocupaban por ello y aplazaban, día tras día, la partida.

Se habrían quedado para siempre en la isla de Lemnos en compañía de aquellas mujeres enamoradas, si Heracles no los hubiera reunido para sacudirlos con sarcásticas palabras y duro reproche:

¡Desgraciados! ¿Acaso nos mantiene lejos de nuestra
  tierra la muerte violenta
de algún pariente? ¿O acaso, menospreciando a nuestras mujeres,
vinimos hasta aquí para encontrar esposas?
¿O es que hemos decidido repartirnos las fértiles campiñas
de Lemnos y habitar esta isla? Por cierto que no ganaremos así muy buena fama,
pasando nuestro tiempo con estas extranjeras.
¿Y el vellocino de oro? Desde luego no habrá ningún dios
que vaya a arrancarlo por nosotros y nos lo traiga aquí,
por mucho que se lo pidamos con nuestras plegarias.

Basta, volvamos cada uno a su casa. En cuanto a él [Ja-
  són], dejémoslo
que se dedique día y noche al lecho de Hipsípila y re-
  poblando Lemnos
con su viril descendencia se gane una heroica gloria.

Nadie osó entonces levantar los ojos ante él, ni mucho menos hablar.

Jasón se avergonzaba más que nadie; sabía que, si
no se emprende el viaje, no se puede alcanzar la meta.

Sin embargo, había olvidado que el fin no se logra
tampoco si se interrumpe el viaje al cabo de pocos
días, ante la primera comodidad seductora de la tierra
firme que induce a olvidar la razón por la que hemos
zarpado y nos hemos hecho a la mar.

Nadie iba a conquistar el vellocino de oro por él.

Nadie más que él iba a medirse con aquel heroísmo que no deja nunca de llamar a todo ser humano.

En la isla de Lemnos los argonautas habían interrumpido la navegación al cabo de solo dos días de su
heroica partida.

Enseguida se habían detenido, seducidos por la
falsa seguridad de la monotonía.

Flotaban, lo mismo que la nave *Argo*, olvidada en
el puerto.

Oídas las dolorosas palabras pronunciadas por Heracles, «la asamblea [de los argonautas] se disolvió enseguida, y todos se dispusieron a partir precipitadamente».

Durante años he tenido un miedo absurdo a conver-
tirme en escritora.

Tenía miedo porque no escribía.

Y me enfadaba por tener miedo.

Reclamaba poder escribir y suspiraba por hacerlo; ese era mi vellocino de oro particular.

Sin embargo, no había entendido que mi batalla era vana, llena de errores gramaticales; no tenía en cuenta en ningún momento qué me lo impedía. Me equivocaba continuamente de rumbo, me perdía con la primera marejada.

Hoy conozco el nombre de ese impedimento; se llama *coartada*. El *alibi* italiano. Un lugar formado por la unión de dos palabras latinas: *alius*, «otro», y *ubi*, «aquí», en otro sitio.

Quería escribir a toda costa, pero, cada vez que intentaba emprender el viaje hacia la escritura, me inventaba mil pretextos para detenerme en otro sitio, en el primer puerto seguro en el que desembarcaba, y enseguida me olvidaba de volver a partir.

A cualquiera que me hiciera notar que me faltaba algo, le mostraba con orgullo el coche que me había comprado yo solita y una lista de todos mis proyectos futuros; pero luego se me olvidaban, enseguida los dejaba de lado.

Retrasaba la escritura en nombre de una presunta seriedad, como si las palabras fueran solo un juego y un pasatiempo.

Era tremendamente severa conmigo; y a menudo sigo siéndolo.

Y era infeliz.

Un verano, uno de los mejores amigos que tengo, también él de viaje en pos de su propio rumbo, vino a mi antigua ciudad para decirme cómo me estaba echando a perder.

Él fue mi Heracles.

Os deseo a todos que tengáis un amigo que se tome la molestia de venir a vuestra casa a zarandearos si por casualidad os extraviáis.

Naturalmente me avergoncé entonces de mí misma, igual que Jasón; pero comprendí que ante todo era de mis coartadas de lo que debía librarme para poder zarpar.

En cambio, aferrarme a mi miedo me daba independencia y confundía a esta con la libertad.

Me comprometí, durante algún tiempo, a escribir para otros; me resultaba facilísimo.

Ahora sé que era una cobarde.

Las palabras son, desde siempre, mi vida, mi modo de entender el mundo y de hacerlo real.

Cuando trabajaba de «negra» para otros, el mundo del que hablaba no era el mío, sino el de las personas o el de las empresas para las que me encargaba de encontrar las palabras. Se trataba de un mundo irreal.

Sin rostro, sin nombre, sin nadie que viniera a buscarme y a pedirme cuentas, que me enviara cartas para poner en mis manos su alegría o su dolor, pesados como piedras.

Escribía y no tenía que responder de ello, carecía de responsabilidad.

Rechazaba el primer derecho que los antiguos concedían a quien se emancipaba de la condición servil, el primer título de todo ser humano libre: tener, ante todos, un nombre.

Durante años he preferido renegar de mí misma.

Me he emancipado del miedo y de la ignominia, he vuelto a descubrir mi nombre.

Me he conocido a mí misma y he dejado de hablar en tono oracular.

He asumido la responsabilidad —el riesgo— de tener un público, porque esa era mi verdadera meta.

Fue entonces cuando empecé a navegar, en vez de estar siempre «en otro sitio», flotando.

¡Marcha, Jasón, y que los dioses te concedan, junto a
  tus compañeros,
Regresar sano y salvo a casa portando al rey el vellocino de oro, que tanto deseas!
[…]
Mas cuando estés lejos de viaje y cuando finalmente
  regreses a tu patria,
te lo ruego, no me olvides.

Con estas palabras la reina se despidió de Jasón por última vez y expresó un deseo dirigido al cielo, el de volver a amar a un hombre y llegar a ser madre.

Las lemnias lloraban mientras acompañaban a los héroes al puerto; aquellas no eran las lágrimas del desamparo, sino de la sinceridad.

Su llanto iba dirigido a los dioses, para que estos concedieran a los argonautas un feliz regreso a casa.

Jasón fue el primero en subir a la nave, sus compañeros lo siguieron rápidamente y cada uno ocupó su lugar en los bancos y empuñó los remos.

El mar no tiene caminos ni direcciones, solo umbrales que traspasar.

Y la tarea de decidir adónde ir te compete únicamente a ti, navegante, al igual que todos nosotros.

En tierra puedes permitirte el lujo de remolonear durante días o años fingiendo que no entiendes, cuando, en realidad, lo que quieres es no entender.

Puedes rechazar el recuerdo de aquel a quien no has tenido el valor de amar o de aquel a quien has traicionado.

Oponerte a la idea de todo lo que habría podido ser y no ha sido porque no lo has querido. Las cosas o las personas no ocurren, se van a buscar, y es entonces cuando se dejan encontrar.

Puedes minimizar una pasión, burlarte de ti mismo a solas para no verte obligado a creer verdaderamente en ella, y te llamas «tonto» cuando te atreves a creer en ella, «iluso».

Puedes hacer trampas cada mañana al mirarte al espejo, barajar como te plazca las cartas de la realidad y de la irrealidad, de lo que ya ha acabado y de lo que ya ha empezado, aunque tú no quisieras, aunque tú no te lo esperaras.

Tus historias de amor, tu trabajo, tus viajes, tus lágrimas, todo para ti «no es nada especial» cuando se lo cuentas a los demás, para no verte obligada a tomarte en serio y, luego, a hacer que te tomen en serio.

Las leyes de la física son distintas de las de la vida.

La reacción de un cuerpo humano sumergido en el agua es la de flotar sin hacer absolutamente nada; saber nadar no importa.

Sin embargo, el principio de Arquímedes no puede aplicarse a la existencia humana: permanecer a flote durante varios días, incluso años, meciéndote en certezas inseguras, en falsas convicciones, en juegos de palabras baladíes, significa ser infeliz, impotente; saber nadar en este caso importa, y mucho.

Tranquilos en nuestra tierra firme, «firmes», «quietos» también nosotros, podemos rebajarnos, si no nos sentimos a la altura de nuestras pasiones, minimizarnos, abatirnos escondiéndonos en un rincón, en vez de levantarnos de puntillas y abrir las manos y la mirada cuando la vida nos llama por nuestro nombre.

En el mar, no.

La elección ya no puede retrasarse como cualquier molestia, como algo baladí.

No podemos ya responder: «Son cosas que pasan» y encogernos de hombros si nos equivocamos de presente.

«Ya han ocurrido.»

Y la tristeza, la incompletitud, no desaparecerán mañana, como te han dicho siempre cuando has mostrado tu fragilidad: «Mañana habrá pasado todo, ya verás»; sí, desde luego, pero lo que importa es lo que queda.

Los griegos tenían un nombre para esta frustración.

Llamaban Ἀμηχανία (*Amēchanía*) a la impotencia que paraliza cualquier impulso hacia la vida. Personificada, la inacción es hermana y compañera de una de las situaciones humanas más penosas, la pobreza: su nombre era Πενία (*Penía*).

Miseria e insatisfacción eran en la antigua Grecia el peligro más grande para los hombres, pues los llevaban a minimizarse, a empequeñecerse, en vez de levantarse hacia arriba.

Según los griegos, la Amechanía hacía imposible ese impulso concedido y exigido a todos los que están en el mundo: intentar ser héroes, cada uno con su vida y con su criterio.

En el fragmento 364 el poeta Alceo escribe:

Penía, la pobreza, es una cosa grave, un mal ingobernable,

y junto a su hermana Amechanía, la impotencia, echa por tierra a cualquier gran pueblo.

Dos mil años después me encuentro pensando: ¿dónde se coloca nuestro listón particular de lo que pedimos a la vida? Y, sobre todo, ¿qué estamos dispuestos a ir a buscar?

¿En qué pueblo nos hemos convertido?

Zarpar de tus seguridades finitas, despedirte de ellas agitando el pañuelo blanco y volver la mirada hacia la infinita sorpresa que es vivir, representan el gesto más antiguo y liberador de quien está plenamente vivo.

Sirve para comprender, para conocer al hombre o a la mujer en quien te has convertido; sirve para aceptarte, por fin, y para saber preguntarte con sinceridad: «¿Qué tal estás?».

A la isla de Lemnos llegó el amanecer. Era hora de partir.

Y Argos soltó las amarras de la roca bañada por el mar.

VIENTO Y OTROS IMPREVISTOS

Defended a vuestro vigía como si fuera el único par de ojos que tenéis a bordo de la nave.

Esa necesidad de atención constante queda ilustrada muy bien por cierto incidente ocurrido a bordo del carguero Lancaster.

Una mina flotaba en el agua a pocos pies del barco, en dirección al puerto.

Tres hombres a proa, uno en el puerto, otros tres en las pasarelas; ninguno se fijó en ella.

El vigía que hizo el informe acerca de la mina era el único que podía tener una excusa por no haberla visto.

En el antiguo lenguaje del mar la tempestad que se perfila en el horizonte se denomina «fortuna». Para no tener miedo de ella, para no considerarla como algo malo y desconocido, sino parte de cualquier vida con todos sus imprevistos. Y, para hallarse, en todo momento, de guardia, porque ningún mar está siempre sereno y ningún puerto es nunca definitivo, sino que se encuentra siempre en construcción. Como nosotros.

En latín *fortuna* quiere decir, ante todo, «acaso», «suerte», y de la expresión *fors sit*, «por si acaso», «si el acaso lo quiere», derivan las coartadas de todos nuestros «acasos» (que en italiano son *forse*).

Un día podrá abatirse sobre nuestra nave una tormenta fortunal, una inesperada borrasca de vientos tan violentos que harán que se encrespen las olas y que nos veamos empujados hacia destinos desconocidos. No cuenta el tiempo que dure el viento frío, por mucho que siempre nos parezca demasiado; después de la tormenta, todo cambia y el primer rayo de sol desvela el tímido paisaje de aquello en lo que nos hemos convertido.

Sucederá también que, un día, llegados ya a nuestro puerto, acabemos por decir: «Gracias» o, mejor aún, «¡Qué suerte!», al recordar la tempestad que se nos presentó y nos cambió la vida y, de paso, se llevó consigo la anterior.

Tras liberarse de la tentación de la comodidad gracias a las palabras de Heracles, los argonautas partieron de Lemnos hacia la remota Cólquide.

> Hay en el interior de la Propóntide una isla escarpada
> que destaca en el mar a corta distancia de Frigia, rica
>   en mieses,
> tendida hacia el mar cuanto un istmo bañado por las
>   olas baja en cuesta hacia el continente.
> […]
> Allí arribó *Argo,* empujada por los vientos de Tracia
> y los amarres de Puerto Hermoso la acogieron en su
>   carrera.

Una mañana los hombres echaron el ancla para hacer una breve parada en la isla llamada por los antiguos Monte de los Osos debido a sus escarpados promontorios.

Allí, en la costa turca del mar de Mármara, reinaba sobre el pueblo de los doliones el buen rey Cícico, con su esposa Clite, y juntos envejecían sin poder tener hijos.

«Todos juntos, como amigos», el rey y sus súbditos salieron al encuentro de los héroes, y los acogieron con todas las atenciones que imponía uno de los valores más importantes de la antigua Grecia, la hospitalidad, llamada ξενία (*xenía*); por eso, si un griego antiguo pudiera observar muestro mundo contemporáneo, se horrorizaría ante la palabra «xenofobia», que de griega no tiene nada. En realidad, fue acuñada en 1901 por el escritor francés Anatole France y fue incluida por primera vez en un diccionario, el *Nouveau Larousse Illustré*, en 1906 en relación con el caso Dreyfus.

Y quizá ese griego se avergonzaría de mala manera y nos reclamaría que le devolviéramos sus antiguas palabras, porque nosotros, los modernos, asociamos hoy la hospitalidad en la que se basaba su idea del mundo con el miedo, φόβος (*phóbos*), hacia los extranjeros, que, agotados de tanto mar, desembarcan en nuestras costas.

«Extranjeros», como Jasón y sus compañeros, a los que el rey Cícico invitó a atracar en el puerto principal de la ciudad y los acogió con bailes, vino y todo aquello que un viajero cansado necesita en cuanto toca tierra.

Tras celebrar el banquete de acogida, doliones y argonautas se preguntaron todo lo que se tenían que preguntar.

Unos inquirían por el objetivo de aquel increíble viaje y por la crueldad de Pelias; los otros intentaban informarse sobre la ruta que debían seguir para atravesar la Propóntide y sobre los pueblos que iban a encontrarse a lo largo de su travesía.

Sin embargo, «sobre las tierras de más allá de la isla, el rey no supo dar respuesta a lo que querían saber».

Realizados los sacrificios exigidos por los dioses y tras agradecer la amabilidad del rey, los argonautas volvieron a echarse a la mar.

La nave avanzó rápida y tranquila durante todo el día, pero al anochecer el viento favorable calló y una violenta borrasca la obligó a retroceder, de nuevo hacia la tierra de los doliones.

Allí, confusos y desorientados, Jasón y sus compañeros desembarcaron aterrorizados en plena noche.

En medio de la tempestad, azotados por las ráfagas del viento y por el oleaje, «a ninguno se le pasó siquiera por la mente» que aquella era la misma isla hospitalaria que los había acogido unas pocas horas antes.

Y tampoco pensó el bueno de Cícico que los recién llegados pudieran ser sus huéspedes.

En medio de la niebla, no reconoció a los héroes que había invitado a sentarse a su mesa y los confundió con guerreros hostiles. Se puso inmediatamente la armadura y guio a su pueblo al ataque contra aquellos a los que consideraba una amenaza.

En la ceguedad mezclada con la precipitación y, sobre todo, en medio del silencio con el que el miedo sabe poner en grave peligro a los hombres, fue Jasón el que clavó su espada en el pecho de Cícico, que rodó sin vida sobre la arena.

Y muchos otros perecieron durante aquellos minutos de confusión.

Solo al amanecer los dos bandos empezaron a hablarse.

Y se reconocieron.

Un dolor infinito se adueñó de los héroes minias al ver
     a Cícico,
el hijo de Eneo, caído por tierra, revuelto en polvo y
     sangre.
Estuvieron tres días enteros llorando y mesándose los
     cabellos, los minias y el pueblo de los doliones por
     igual.
[...]
Nunca había enviado Zeus un día más triste
para los doliones, tanto hombres como mujeres.

Con frecuencia también a nosotros nos asalta una tempestad imprevista, no en forma de lluvia y de olas, sino de tareas que hemos de llevar a cabo, plazos que respetar, responsabilidades que debemos cumplir, afectos que cuidar; como tiene que ser.

Sucede a veces que ante el viento de la vida no reaccionamos con curiosidad, sino con el mismo «dolor infinito» que experimentaron los argonautas.

Y con mucha ansiedad.

Nos sentimos asediados por las constantes notificaciones del Smartphone, querríamos apagarlo todo para pensar, pero no podemos evitar despertarnos por la noche para controlar si alguien nos ha buscado..., y deseamos que lo haya hecho.

Batimos todos los récords mundiales de respuesta a correos electrónicos y mensajes de trabajo que llegan a cualquier hora —a falta de elegancia y de medida—, a menudo sin incluir un «buenos días» al principio y un «gracias» al final.

Todos somos amigos en alguna red social, pero acabamos llorando solos mientras subimos una foto nuestra, en la que aparecemos sonriendo, con alguna frase motivadora como, por ejemplo, *#neverstop*. Sin embargo, alguna vez en la vida hay que parar.

Si no consultamos antes decenas de críticas, escritas tal vez por simpáticos turistas australianos, a lo mejor ya no sabemos ni escoger el restaurante de la esquina. Ni se nos pasa por la imaginación preguntar al viejo vecino de descansillo que hace años que no habla con nadie: «¿Qué me aconseja usted?».

Nos colamos en chats con desconocidos, seguros de que, al final, de tanto clicar, compartir, esperar que quien está «escribiendo...» acabe de escribir (pero no termina nunca de hacerlo, porque los primeros que no dejamos de escribir somos nosotros), encontraremos la luz al final de ese túnel llamado WhatsApp.

El infinito intercambio de correos electrónicos, de mensajes, de fotografías, de música y de emoticonos parece que es la medida del actual viaje tecnológico hacia el otro, un recorrido capaz de acercar y colmar las distancias.

Sin embargo, cada palabra de más a menudo es un malentendido, una parada, una espera, una encrucijada; otra noche de niebla.

Miles y miles de chats disparatados reparten distancia y no acercamiento, equívocos y no claridad, sobre todo imaginación y no realidad.

Vivimos todos tan perennemente «dis-traídos», es decir, tan «apartados del camino», por nosotros y por los que tenemos junto a nosotros.

Y, cuando la tormenta fortunal de nuestra vida se desencadena de verdad, cuando finalmente lo conocemos, a él o a ella, corremos el riesgo de quedarnos mudos tomando un café, sin tener el valor de preguntar:

«¿Tú quién eres?»

«¿Y quién soy yo para ti?»

Como Jasón y Cícico, somos seres humanos, carne, sangre, piel y, sobre todo, palabras.

Asaltados por la ansiedad y llenos de confusión, como durante aquella noche de vendaval en la tierra de los doliones, en medio de la oscuridad y del silencio, del miedo y de los malentendidos, solo tendríamos que decir:

«Mírame, "soy yo".»

«Somos nosotros.»

Solo entonces podremos empezar a reconocernos.

Después de aquel suceso, se levantaron violentas tempestades
durante doce días y doce noches, impidiendo a los héroes volver a navegar.

Una terrible borrasca impedía a los argonautas abandonar la isla de los doliones y reemprender la marcha. El viento contrario y la tristeza bloqueaban la nave y el ánimo de los muchachos; no hacían más que llorar por lo sucedido.

Al décimo tercer día por la mañana el adivino Mopso, que siempre estaba de vigía durante las horas nocturnas, vio un alción, animal mitológico griego, quizá una gaviota o un martín pescador.

En esa bellísima ave marina había sido convertida en otro tiempo cierta mujer enamorada, de nombre Alcíone, tan ufana por haber tenido la suerte de que su marido fuera el marinero Ceix que, en broma, se atrevió a llamarlo Zeus. Y, por semejante exceso de felicidad, fue castigada. Para los antiguos griegos también el gozo exigía medida y no estridencias.

Mopso avisó de inmediato a Jasón del presagio favorable, pues aquella ave era del agrado de la diosa del amor, Afrodita, y lo exhortó a realizar todos los sacrificios necesarios para que los vientos se calmaran.

Así fue y, por voluntad de Rea, la divinidad del Cielo, hija de Gea, diosa de la Tierra, el tiempo volvió a ser sereno y el mar, plácido.

Los argonautas zarparon y, en la isla del Monte de los Osos, árida y seca, brotó un manantial en su memoria, llamado en adelante por todos la fuente Jasonia.

Enseguida los muchachos impulsaron la nave con la fuerza de los remos y, como si fuera un juego, eso sí, demasiado arriesgado, se desencadenó entre ellos una competición por ver quién era el navegante más fuerte y resistente al que pudieran nombrar su «guía».

Heracles, conocido por ser el más fuerte, hendía los surcos del encrespado oleaje con golpes tan enérgicos que, en un momento dado, debido a la excesiva fuerza empleada, se le partió el remo y se encontró con un simple trozo de madera en las manos.

> Se sentó de nuevo en silencio, con la mirada llena de ansiedad.

Al atardecer: «A la hora en que llenos de alegría vuelven a su cabaña el labrador o el hortelano», la nave *Argo* amarró junto a la ciudad de Cío, en la Propóntide, en dirección a la actual Estambul.

Mil años más tarde, Filipo V de Macedonia destruiría aquel pequeño poblado que sería rebautizado con el nombre de Prusa.

También allí los viajeros fueron acogidos como huéspedes amigos del pueblo de los misios, que habitaban aquella región y les proporcionaron todo lo necesario para restaurar fuerzas.

Los muchachos se pusieron a almorzar, todos menos Heracles, que se internó solo en el bosque para buscar madera adecuada con la que fabricar un nuevo remo antes de reemprender la marcha.

También Hilas, su fiel amigo, se puso en camino hacia el interior del bosque y se alejó del grupo para intentar encontrar una fuente.

Había intuido las intenciones de su compañero, con el que se había criado desde que era un niño, y a su regreso quería recibirlo con agua fresca.

Cuando llegó a la fuente, Hilas se topó con el espectáculo de un coro de ninfas, que venían del monte, de los bosques y del mar para rendir honores a Ártemis.

La más hermosa de ellas, que residía en el arroyo, vio la mirada dulce del muchacho, un adolescente apenas, y salió a la superficie del agua con el deseo de besarlo en los labios: «Afrodita había estremecido su ánimo».

Hilas, que se había inclinado de costado a la orilla de la corriente, no se dio cuenta de nada. El agua gorgoteó y resonó con fuerza y el muchacho se sumergió en el agua y se hundió en el remolino arrastrado por el abrazo fatal de la ninfa.

Solo Polifemo, el argonauta hijo de Élato (no debemos confundirlo con el cíclope homérico), preocupado por el retraso de Heracles, se había puesto a seguir sus huellas y oyó el grito que Hilas lanzó antes de desaparecer en la corriente.

Se dirigió enseguida a ayudarlo y se separó de los demás héroes, que no se habían dado cuenta de nada.

Mientras todavía reinaba la oscuridad, los argonautas se embarcaron a toda prisa, dispuestos a aprovechar el viento que les era favorable.

Subieron a bordo de *Argo* llenos de alegría, levaron anclas e izaron la vela que, hinchada por el viento, impulsó la nave hacia la lejanía.

Fue solo al despuntar la aurora, a la hora en que la luz invade los senderos y revela los rostros de los hombres, cuando

> [...] de repente los argonautas se dieron cuenta de que, con las prisas,
> habían olvidado en tierra a sus compañeros.

El recuerdo es el arte del alma y, también, del corazón.

El verbo griego μιμνήσκω (*mimnéscō*) significa «hacer recordar», «suscitar un recuerdo», pero también «preocuparse por el pensamiento de otro».

El sentido originario de la palabra «memoria» se halla encerrado en la raíz indoeuropea *men-* y en la griega *me-*, las mismas que encontramos en la palabra (primero latina y después italiana y española) *mente*.

«Tener en mente», decimos nosotros.

Para los griegos antiguos la sede de la mente era el alma, llamada en latín *anima*, la misma palabra que se usaba en griego para decir «viento»: ἄνεμος (*ánemos*).

Era su soplo el que encendía el intelecto, la memoria, la facultad vital de la ψυχή (*psychḗ*).

La memoria, pues, se conserva en la mente. Sin embargo, es con el corazón con lo que se «recuerda», término que deriva del latín *re* y *cor, cordis*, «corazón». Literalmente, «volver a llevar al corazón».

Recordar a alguien obliga a ocuparnos siempre de esa persona en nuestra mente.

Luego, desde el alma, revolver su recuerdo en el viento hasta que llegue a tocar nuestro corazón.

De lo contrario, vano es el recorrido, y el recuerdo, nulo.

Hubo un tiempo en el que recordar significaba, pues, guardar en la mente y en el corazón la imagen del propio pasado y del de los demás.

El significado de memoria como «re-evocación», *souvenir*, como monumento o reliquia que nos «recuerda que recordemos» algo que, de lo contrario, acabaría por ser olvidado enseguida, se ha impuesto solo con posterioridad; tanto es así que las palabras «memorizar» y «memorización» —es decir, tener «de manera forzosa» en la mente— no entraron en nuestra lengua hasta finales del siglo XIX (¡d. C.!) en forma de préstamos del francés.

En esta desmemoriada modernidad, las decimonónicas y silenciosas «remembranzas» han sido sustituidas por el incesante zumbido de nuestro calendario.

Felicitamos, prodigamos buenos propósitos, defendemos el medio ambiente y respetamos fechas y festividades, tenemos cientos de amigos, realizamos decenas de actividades al mismo tiempo…, y, por la noche, nos olvidamos de todo y de todos, en especial de nosotros mismos. Nos hemos vuelto maestros en el arte de olvidar, de relegar, como quien dice, fuera del corazón.

«Desmemoriados», nos dormimos, «olvidados», como un violín que desentona y, por tanto, ya no se toca.

¿Cuántas veces, por prisa, hemos olvidado a un amigo, un libro, un amor, a una abuela, mientras nos decíamos: «Mañana», un día que no ha llegado nunca?

¿Cuántas llamadas no de trabajo, sino «de alma», hemos dejado sin hacer? ¿Cuántas cartas? ¿Cuántos regalos?

¿Cuántos «Gracias» y cuántos «Lo siento»?

Desde que hemos dejado de tener memoria, vivimos en el tiempo de los «memorandos».

> Se desató entonces entre los argonautas un tumulto enorme,
> una fuerte disputa, sobre si habían zarpado o no dejando en tierra
> al mejor de sus compañeros. Desolado e impotente,
> Jasón permanecía sentado sin pronunciarse ni en un sentido
> ni en otro, consumido en su ánimo por un pesado dolor.

Ante el descuido que los había privado de Hilas, de Polifemo y de la guía de Heracles, los muchachos respondieron al espanto con la rabia.

Se pusieron a discutir entre ellos, en busca de un error que explicara lo inconcebible.

Telamón, hermano de Peleo y futuro padre de Áyax, héroe de la guerra de Troya, se puso de inmediato a atacar con dureza a Jasón, que permanecía inactivo y sin despegar los labios.

«Te quedas ahí sentado tan tranquilo, porque te convenía deshacerte de Heracles», decía a gritos Telamón, que acusaba al joven de haberse olvidado voluntariamente de su compañero para no tener ningún rival al mando de *Argo*; y para ser recordado siempre por todos los griegos, él y nadie más, como el mayor héroe de la empresa.

Telamón no paraba de despotricar y de dar patadas, hasta que se abalanzó sobre el timón, apartó de él a Tifis de un empujón y dijo que ya no le importaba nada el viaje a la Cólquide.

Es más, tenían que dar marcha atrás y volver a la tierra de los misios y desafiar los bramidos del viento contrario para recuperar a los compañeros

Sus ojos brillaban como centellas de fuego abrasador.

Desde el momento en que intentamos dar nuestros primeros pasos en el mundo, buscamos continuamente maestros.

Sin embargo, esta también es una confusión de palabras y de «distracción» de uno mismo, porque casi nunca, sobre todo cuando se complican las cosas de la vida, necesitamos un maestro que nos enseñe, sino un guía que nos indique el camino.

De nuevo ese viento imprevisto se encarga de disipar la niebla que esconde el sentido humano de nuestra necesidad de dirección, de saber adónde ir para no salir huyendo asustados.

«Maestral» o «mistral» se llama el viento que sopla del mar en dirección noroeste, el primero de la rosa de los vientos.

La palabra latina *magister*, de la que proviene nuestro «maestro», así como el francés *maître*, el portugués *mestre* o el rumano *maestru*, deriva del adverbio *magis*, que significa «más».

En el mundo antiguo, el término connotaba de forma clara una superioridad desligada por completo de la idea de conocimiento o de experiencia.

Magister nacía en contraposición directa con *minister*, del adverbio *minus*, «menos», y que significaba «servidor», «ayudante», «subordinado».

Al igual que los argonautas, también nosotros, cuando estamos confusos, inseguros, perdidos, buscamos desesperadamente un maestro, alguien que lleve el signo «más»: más fuerte, más grande, más poderoso, que sepa más o pueda más.

Y que, por consiguiente, pueda sustituirnos a nosotros, que nos autoatribuimos el degradante signo «menos», a la espera de que sea otro quien resuelva, en nuestro lugar, los problemas, los obstáculos o las carencias.

No nos damos cuenta de que confundimos a los maestros, a los que necesitamos, con aquellos que, según la más infeliz de las expresiones, «ya lo han conseguido», campeones en su resplandeciente vida, la que nosotros imitamos al pie de la letra, porque es aquella con la que soñamos.

Antiguos «subordinados», modernos «replicantes» de *Blade Runner*, nos afanamos por eso en copiar los movimientos ajenos, las palabras ajenas, convencidos de que aprendemos lo que nos hace falta para llegar a ser grandes como nuestros maestros; aunque después nos damos cuenta de que no es nuestra vida la que estamos viviendo, sino una imitación reducida y readaptada de la suya.

Sin embargo, es una palabra derivada del gótico la que necesitamos a cualquier edad: «guía», un guía, es decir la «persona que encamina, conduce y enseña a otra el camino».

El verdadero maestro, tanto de escuela como de la vida, no es el que nos sustituye o el que nos imparte lecciones de superioridad, sino el que nos guía a la hora de descubrirnos a nosotros mismos.

El asombro y la sorpresa son las llaves que pone en nuestras manos para que abramos las puertas y las páginas de los libros que elegimos que sean los nuestros.

Porque antes ha entrenado o, mejor dicho, ha «guiado» nuestra mirada en la maravilla del espectáculo insustituible que somos cada uno de nosotros.

Un guía no presupone signos positivos, ni negativos, ni «más», ni «menos»; no cuentan ni la adición, ni la sustracción, solo la confianza.

Y la medida: la que rechaza el lugar común de lo vulgar, de la copia servil de quien no somos nosotros, de quien está fuera de nosotros.

El verdadero guía del que tenemos necesidad todos hoy es alguien que rechace con fuerza la costumbre de enfrentarnos unos con otros «en nuestra pequeñez» y que sepa enseñarnos el camino hacia el arte de reivindicar «nuestra grandeza».

La mayor sorpresa de estos años que he pasado viajando por las escuelas de Italia ha sido, junto con los chicos y chicas, el profesorado.

En un contexto político y cultural en el que su papel se ha visto devaluado —cuando no ridiculizado y detestado—, confundidos con burócratas por la administración y con niñeras por los padres, el valor de los docentes como educadores es insustituible, incomparable.

Heroico, en el pleno sentido griego del término.

Se mantiene un eterno debate sobre lo «útil» y lo «inútil», como si los chicos y chicas fueran usuarios de la escuela, términos todos ellos derivados del latín *utor*, «utilizar», «usar»; ningún ser humano debería ser tratado nunca así, como mero número, mera matrícula o código, ni siquiera cuando hace cola en correos o habla por teléfono con una central de llamadas en la que resulta totalmente imposible comunicarse con una voz que no esté grabada.

Hoy, el problema de los chicos no es el de estar solos (¿los padres de antes estaban presentes? ¿Solo los míos trabajaban todo el tiempo y el primer día de instituto me indicaron amablemente la parada del autobús más cercana a casa?) y carecer de maestros, sino el de tener que convivir con dos adolescencias: la propia, que es natural, y la de quienes los rodean, que de adultos viven una perenne segunda adolescencia.

Inversamente proporcional a los recursos económicos que escasean siempre es el lenguaje de la escuela, que parece sacado de un manual de economía empresarial (por lo demás, ¿no se habla también de «escuela-empresa»?), entre deudas, créditos, competencias, bonos, estadísticas de «consumidores de cultura», etcétera, etcétera.

A menudo me pregunto por qué el cuidado y el respeto de las palabras no parten de ahí, de la escuela, donde por primera vez son descubiertas, pronunciadas, hechas nuestras para siempre.

Sin embargo, en medio de mil dificultades, en medio de esta tempestad o, mejor dicho, de este torbellino que se abate sobre cada curso escolar a punto de empezar, no he visto nunca que la mirada de un profesor deje de iluminarse con sincera alegría y auténtico estupor ante las preguntas más triviales, siempre imprevistas, que sus chicos me han planteado.

Están tan orgullosos de ellos, de sus alumnos y alumnas, que han cruzado el umbral de su escuela cuando eran todavía niños y que, desde ese mismo umbral, saldrán convertidos en mujeres y hombres jóvenes, preparados para la vida adulta que aún está por venir.

A menudo me han preguntado si había alguna parte de mi primer libro dedicado a la lengua griega que habría querido cambiar.

Siempre he respondido que sí, una.

Se trata de unas líneas en las que me muestro demasiado sarcástica al criticar al profesorado y las torturas impuestas por el aprendizaje mnemónico.

Al escribir me excedí.

Porque hacía mucho tiempo, demasiado, que no entraba en una escuela, me había dejado engañar por el peligroso juego de recordar hacia atrás y había pretendido contar el presente sobre la base de mis recuerdos de chiquilla, ya pasados.

Han sido ellos, los profesores, los que me han sorprendido cada vez que los he visto dedicados a educar, a «sacar», del latín *educere*, lo mejor de cada uno de sus alumnos, sea el que fuere.

Profesores que me han «educado» y «guiado» a mí también, que han sacado de mí y me han hecho descubrir algo que no conocía: su coraje.

Ahora, en este nuevo libro, puedo pedir perdón.

Y, sobre todo, dar las gracias.

Los argonautas discutían todavía cuando de las aguas del mar surgió Glauco, el personaje mitológico que, en medio de las olas, se ocupaba de la prudencia de los seres humanos.

Es Ovidio en su *Metamorfosis* el que nos cuenta que Glauco había sido un pacífico pastor de Beocia que, tras comer unas hierbas mágicas, se convirtió en una divinidad marina; sus piernas se transformaron en una gran cola de pez y en el rostro le salió una larga barba de color verdoso.

De repente, se presentó en la popa de *Argo* y pronunció las siguientes palabras:

> ¿Por qué, en contra de la voluntad del gran Zeus, os empeñáis
> en conducir al valeroso Heracles a la ciudad de Eetes?
> Su destino lo llama a ir a Argos y llevar a cabo con grande esfuerzo
> la totalidad de los doce trabajos impuestos por el pérfido Euristeo;
> para luego habitar la morada de los inmortales,
> cuando haya acabado los pocos que le faltan.
> No se le eche, pues, de menos.

Y, antes de arrojarse de nuevo a las olas, Glauco concluyó así su parlamento:

> En cuanto a Polifemo, está también escrito que tras fundar
> una gloriosa ciudad entre los misios, junto a la desembocadura del Cío,
> culmine su destino en la tierra inmensa de los Cálibes.
> Por su parte, a Hilas una ninfa lo hizo su esposo por amor,

y por su causa los otros dos se extraviaron y fueron abandonados.

Al oír estas palabras, los héroes fueron presa de una inmensa alegría; es la felicidad de la conciencia que se vuelve ligera.

Los muchachos lo festejaban cantando en el barco.

Lleno de vehemencia, como de costumbre, Telamón corrió hacia Jasón y casi lo aplastó con el cariño del abrazo que le dio para pedirle disculpas.

Habían sido la insensatez y, sobre todo, la preocupación por los amigos desaparecidos las que lo habían llevado a pronunciar aquellas insolentes, casi intolerables, palabras.

«Echemos mi error al viento y recuperemos nuestra vieja amistad», dijo Telamón con los ojos húmedos que miraban hacia el horizonte.

El héroe aceptó las disculpas de Telamón, por muy grave que fuera la ofensa de haber sido acusado de traición ante todos.

Y, desde lo más hondo de su corazón, acertó a añadir:

En verdad me ofendiste gravemente al decir
sin razón ante todos nuestros compañeros
que había actuado con malicia hacia un hombre excelente.
Pero no te guardo rencor, por dolido que esté, pues tu furia
se desencadenó no por un rebaño de ovejas ni otras riquezas,
sino por un amigo. Solo espero que, si se da el caso,

riñas también por mí con otro mostrando el mismo encono.

La claridad y el equilibrio con los que Jasón respondió a Telamón siguen conmoviéndonos hoy, casi tres mil años después, pues son valores cuya valía perdurará siempre.

Cuando estés de viaje entre tus dos puertos, quizá te equivoques: eres heroico y, por tanto, humano. Alguna vez estarás orgulloso de tus palabras y otras te avergonzarás de ellas.

No existen guías solitarios. Siempre necesitarás un amigo sincero cerca, para que seáis uno guía del otro.

Hoy llamamos «confianza» (*fiducia*) a lo que Dante llamaba «fía» (*fidanza*), con la belleza ya perdida de la palabra que el italiano del siglo XIV todavía conservaba (y que también mantiene el vocablo español, usado en ciertos contextos). El verbo correspondiente es «fiar» (*fidare*), de la raíz indoeuropea *bheidh*, de la que derivan el griego πείθομαι (*peíthomai*) y el latín clásico *fidere*.

Su significado es «tener confianza», «dar fe», «mantener una promesa», «confiar», «fiarse». Abrigar un sentimiento de fía (*fidanza*).

Es difícil, imposible, no fijarnos en que la acción de fiar, de «tener confianza», se ha transformado y ha pasado de ser activa, realizada por el sujeto y dirigida a un objeto (el latín diferenciaba entre el caso ablativo para las cosas y el dativo para las personas), a ser meramente reflexiva.

Hoy nadie fía.

Todos se fían (o no).

Brevísimo es el viaje de nuestro moderno fiarse; por reflejo, como en un espejo, la acción realizada por el sujeto vuelve de nuevo al sujeto.

Aquel y aquella que son objeto de confianza casi no son admitidos en el trayecto y quedan excluidos de ese minúsculo pronombre personal reflexivo.

Y de ese acto privado del alma, de esa acción de elegir sin pruebas, contratos o protecciones, de conceder confianza a alguien y esperar todo el tiempo necesario a que esta florezca, queda solo una huella desvaída en nuestras palabras y en nuestro pensamiento.

Ser puestos siempre a prueba, exhibir *curricula* o certificados, demostrar lo que valemos, pero, sobre todo, lo que somos en pocos minutos, cuando no segundos, eso es lo que presupone hoy el acto de elegir si nos fiamos o no del prójimo.

Incluido, por supuesto, el derecho de echarlo en cuanto cometa el primer error.

La confianza no es una ciencia exacta, es amor.

Es espera confiada, ausencia de pretensión o de juicio.

La confianza en alguien y, ante todo, en nosotros mismos no es un papel timbrado, ni algo estático, sino un viaje de conocimiento.

Es un camino paso a paso, lo mismo que el enamoramiento, la forma más grande de confianza.

Antes de fiarnos de alguien, tenemos que acercarnos a él o a ella en silencio, como ocurre con las lenguas antiguas, que ya no hacen ruido, pero que siguen hablándonos.

Al principio, de esa persona sabremos quizá solo el nombre, como del griego conoceremos simplemente el alfabeto, tan hermoso por ser distinto del nuestro.

Después sabremos algo más, una señal de su pasado, un deseo en el futuro, su forma de moverse en el presente.

Y luego sabremos cada vez más y más y más, si aceptamos el reto de ese viaje irrepetible que es la confianza activa, que no pide nada a cambio, sino que sabe esperarnos ahí, tanto en los días más oscuros como en aquellos en los que el sol brilla en lo alto.

Como el amor, como el aprendizaje, la confianza no se basa en flechazos destinados a seguir siendo eso y nada más, ni en abandono y dejadez.

Se construye como un puerto, el más seguro que existe; saber que ahí habrá siempre alguien dispuesto a esperarnos para estrujarnos en el mismo abrazo sincero de Telamón, para hacernos sonreír y, sobre todo, llorar, si eso es lo que necesitamos.

NAVEGANDO

Navegar es un juego de niños.
Lo más importante que debemos recordar es que cualquier barco, si está en buenas condiciones, está totalmente adaptado al mar.
Tu barco ha sido proyectado para aguantar las tempestades mucho más de lo que lo has sido tú, marinero.

Los argonautas habían traspasado hacía poco el estrecho del Bósforo y habían dejado tras de sí las desventuras ocurridas en la tierra de los bebrices, Bitinia.

Allí, el rey Ámico, cuyo nombre suena paradójicamente en italiano y en español casi como «amigo», cuando, en realidad, no era más que un individuo soberbio, había desafiado a boxear a Pólux, según una ley que él mismo había establecido para «acoger» a todos los extranjeros que llegaran a su país.

Guerrero violento y grosero, Ámico pereció en el curso del combate; entonces todos sus súbditos se lanzaron contra los argonautas, que, de todas formas, consiguieron derrotarlos en aquella disparatada batalla.

Gracias a la habilidad del timonel Tifis, la nave *Argo* logró arribar a una pequeña aldea llamada Tinia, donde vivía sumido en la tristeza el adivino Fineo, amado por todos los habitantes, que a toda costa intentaban aliviar su dolor con lo poco que podían ofrecerle.

Le había sido concedido el mágico don de la profecía y Fineo no había sabido nunca decir que no a los hombres que, desesperados por la fatalidad de la existencia, acudían a él para conocer su futuro.

Así pues, les revelaba siempre todo, sin ocultarles nada, porque no toleraba permanecer callado ante tanto dolor. Sin embargo, al momento, una vez descubiertos los designios divinos, los hombres se olvidaban de ponerse a prueba por sí mismos, pues, gracias a los presagios, ya sabían qué iba a suceder.

Por tanto, era por exceso de generosidad por lo que Fineo privaba a los seres humanos de la fuerza y del instinto generado por lo desconocido y los convertía en seres perezosos y continuamente desilusionados: al conocer el futuro sin experimentarlo, estos ya no creían en nada. Al igual que una madre aprensiva, que no acepta que sus hijos vivan su propia vida, sino que la vive ella en su lugar y despeja el camino de cualquier dificultad, porque no soporta verlos sufrir, corre el riesgo de criar unos chicos que se convertirán en adultos sin conocerse a sí mismos, «sin madurar».

El sentido de toda madurez no está en el momento actual, ni en la superación de una prueba (¡y menos aún de un examen en clase o de un test de competencias!), sino que se engloba en el hecho de saber realizar solos ese trayecto que nos llevará a estar plenamente preparados para la vida que vendrá, a estar «maduros».

Esta palabra deriva del latín *maturus*, antiquísimo participio futuro, que indica el desarrollo de una acción y no su estado de reposo, de un verbo no atestiguado que debía de sonar más o menos como **mare*.

A esa misma raíz pertenece el nombre de una divinidad arcaica, Mater Matuta, la «diosa madre buena», que no protegía el tiempo de los seres humanos en su estatismo, sino en su continuo desarrollo desde el amanecer hasta el ocaso; de ahí deriva la hora matutina de cada uno de nuestros días.

La «madurez» no es, por consiguiente, ni presente, ni futuro; es el viaje comprendido entre estas dos dimensiones del tiempo. No es resultado, sino progresión, búsqueda, espera, realización. Constituye un momento que no pertenece nunca a un pasado, sino, en gran medida, a un futuro que todavía está por hacerse real.

El proceso de estar preparados, «maduros», no termina nunca, sino que continúa repitiéndose, como un árbol que nos regala, temporada tras temporada, un melocotón, primero amargo, y, después, dulcísimo: la vida no dejará nunca de pedirnos que «demos fruto».

Y «maduro» es justamente «aquello que se encuentra a punto de estar bueno»; una flor, un día, un amor. El secreto consiste en ocuparnos de ello y en concedernos todo el tiempo necesario.

Así pues, el adivino Fineo había pecado de exceso de generosidad humana y había sido castigado por Zeus por no haber sabido distinguir la medida de aquello que los hombres pueden aprender de los demás y la de aquello que, por el contrario, están obligados a descubrir por sí solos.

Por consiguiente, lo había vuelto ciego, incapaz de ver el futuro que sabía predecir, y cada día las horrendas Harpías, pájaros con rostro de mujer, le arrancaban la comida de la boca y de las manos con sus corvos picos.

Los argonautas, al ver a un viejo con tan buen ánimo, sintieron un enorme cariño hacia él y, de inmediato, decidieron atender su vacilante petición de auxilio.

Zetes y Calais, los dos hijos alados del viento Bóreas, expulsaron a las crueles Harpías y habrían estado dispuestos a matarlas si Iris, la diosa del arco de colores que vemos cuando llueve, no los hubiera detenido con la promesa de tener piedad del adivino Fineo a cambio de la vida de aquellas criaturas monstruosas, símbolo de todas las tempestades. A pesar de ser muy distintas de ella, eran sus hermanas, hijas todas del mar y de la tierra; no puede existir la maravilla de un arcoíris si no es después de una tormenta.

Fineo, sorprendido por la fuerza de aquellos muchachos y agradecido por su valor, que nadie había demostrado antes, decidió ayudar con su encantamiento el viaje de la nave *Argo*. Sin embargo, por primera vez, el adivino aprendió a no revelar todo lo que sabía. Solo la medida justa, porque los argonautas iban por mar en busca de la madurez que nadie, salvo ellos, habría podido darles, ni siquiera Fineo, que todo lo conocía.

Escuchadme bien. No os es lícito conocer con exactitud
todas las cosas. Mas cuanto resulte grato a los dioses
que os diga, no os lo ocultaré.
Ya antes cometí la locura de revelar hasta el fondo y
con detalle

los designios de Zeus. Pues él así lo quiere,
desvelar a los hombres incompletos los vaticinios
oraculares, para que siempre necesiten algo de los de-
    signios divinos.

Dio instrucciones a los muchachos sobre cómo po-
drían superar las terribles Simplégades, a la entrada
del Ponto Euxino, esto es, el mar Negro. Se trataba de
unas rocas, llamadas también Cianeas, que ningún
barco había logrado cruzar nunca sin hundirse, pues
no estaban fijamente afianzadas sobre «profundas
raíces», sino que, en continuo movimiento, chocaban
una con otra para estrechar las naves en un abrazo
mortal.

Jasón debería liberar una paloma blanca delante
de *Argo* y, si el ave lograba pasar al otro lado sana y
salva, tenía que seguir a toda velocidad su vuelo entre
las rocas.

Por eso ahora fiaos de mis advertencias,
si de verdad pensáis proceder con prudencia y respetar
    a los bienaventurados.
No os arriesguéis a morir avanzando a ciegas hacia un
    desastre
voluntario, arrastrados por el ardor de vuestra juven-
    tud.

Fineo continuó describiendo la difícil ruta que tendría que seguir la nave una vez superadas las Simplégades: debían pasar el impetuoso río Reba y doblar el
cabo Negro, para desembarcar después en el país de
los mariandinos, un antiguo pueblo de origen tracio,
con mucho cuidado de no adentrarse por el sendero

que, desde aquella tierra, conduce hasta el Hades, en las tinieblas del infierno.

Casi nunca la vida es una cuestión de fortuna, antes bien, casi siempre lo es de esfuerzo.

Y, tras pronunciar aquellas valiosísimas palabras, el adivino no se olvidó de darles un consejo que quedaría impreso en su ánimo más que cualquier otro vaticinio.

Estas fueron las palabras que Fineo añadió, con una sonrisa que podía ser triste o dulce, o las dos cosas a la vez, como lo es cualquier sonrisa:

> Sujetad bien los remos con vuestras manos
> y surcad la estrechez del mar. Pues la salvación no estará tanto
> en las plegarias cuanto en la fuerza de vuestros brazos.

Numerosos serían los promontorios que habrían de doblar, los escollos «contra los cuales se escinden incluso las borrascas, hasta tal punto se elevan hacia lo alto adentrándose en el mar»: primero Carambis y, después la desembocadura impetuosa del río Halis, el cabo de Temiscira.

Igualmente diferentes serían los pueblos con los que se toparían: el de las amazonas, mujeres hermosísimas y guerreras que vivían en la llanura de Deante; los cálibes, hombres infelices e incansables que se dedicaban a los trabajos del hierro en una tierra áspera; los tibarenos, ricos en rebaños, y los mosinecos, que cultivaban fértiles bosques, hasta desembarcar en «una isla pelada», la isla de Ares en la que

[…] del mar implacable os llegará una ayuda
de la que no puedo hablar. Como amigo os exhorto
a deteneros en ella. Pero ¿qué necesidad tengo
de abusar de las profecías contando las cosas con todo
　　detalle?

A partir de allí los argonautas se encontrarían al pueblo de los fílires, al de los macrones, al de los bequires
y, después, al de los sapires; nunca debían dejar de
navegar, ni concederse el lujo de entretenerse.

Solo cuando encontraran la desembocadura del
río Fasis habrían llegado a su destino: la Cólquide
del rey Eetes, rodeada de murallas y torres, y el «sombrío bosque» en el que se hallaba extendido el apre-
ciadísimo vellocino de oro, vigilado en todo momento
por un terrible dragón que no cerraba los ojos ni para
dormir.

En su afán de tener siempre presente aquella acci-
dentada y tortuosa ruta, de aprenderse los nombres
de unos pueblos extranjeros de los que nunca hasta
entonces habían oído hablar, los argonautas permanecieron durante un largo rato en suspenso y mudos.

Incluso Jasón, lleno de dudas y angustias, había
empequeñecido ante la grandeza de la empresa que
los aguardaba.

No había comprendido que hacernos maduros es
un asunto de objetivo, de punto de inflexión, y no
solo de ida y vuelta.

Se atrevió, al fin, a hablar y lo hizo en primera
persona —era el yo de la fragilidad el que hablaba en
su lugar—, sin acordarse de los compañeros de viaje
que iban con él:

Anciano, ya nos has indicado el fin de nuestros trabajos
y la meta de nuestro viaje, y los signos que hemos de
seguir para entrar en el Ponto
atravesando las espantosas rocas. Pero una cosa
me haría muy feliz que me dijeras: si, una vez libres
de tamaño peligro, habrá para nosotros un regreso hasta Grecia.
¿Y yo qué haré? ¿Cómo podré volver a llevar a cabo
una travesía semejante, inexperto como soy en compañía de inexpertos?
Pues la Cólquide se halla en los confines extremos del
mar y de la tierra.

Jasón conocía ya la ruta, pero temía el regreso. ¿Cómo
llevar a cabo dos veces, «novato» e inexperto como
era, aquel terrible viaje?

Ignoraba, sin embargo, cuál era, en el ánimo de
quien la realiza, el secreto de cualquier navegación que
pueda llevarse a cabo, primero humana y solo después
geográfica. El mar permanece inalterado desde hace
milenios, pero cada hombre cambia para siempre después de atravesarlo por primera vez.

Cuando llegara a la Cólquide, Jasón ya no sería
el mismo. De igual manera, nunca sería ya el mismo el
viaje de vuelta a casa.

La ruta sería distinta porque distinto también sería él, que por fin se habría vuelto experto gracias a
los nuevos rumbos, a las nuevas aventuras, a las nuevas gentes que habría encontrado a lo largo del recorrido.

Y el adivino le dijo:

> Mas pensad siempre, amigos, en la artificiosa ayuda de
> la diosa
> Cipris, pues solo en ella está el glorioso cumplimiento
> de vuestras proezas.
> Y no me hagáis más preguntas sobre el asunto.

Cipris, el epíteto de la única diosa venerada en la isla de Chipre, Afrodita, la diosa del amor.

Después de atravesar sanos y salvos las tierras y los pueblos encontrados al surcar el mar, Jasón observaba la nave *Argo* anclada en la isla de Ares, adonde acababan de arribar, fieles a la profecía del mago Fineo.

En cuanto desembarcaron, los argonautas encontraron a unos aliados y la sorpresa no pudo ser mayor. Se trataba de los hijos de Frixo, aquel que mucho tiempo atrás, cuando era todavía un niño, había escapado junto con su hermanita, Hele, de la cruel Ino, su madrastra, a lomos del carnero del vellocino de oro. Fue este animal el que infundió en Frixo el valor para saltar a su mágica grupa, dispuesto a salir volando en un extraordinario viaje por el cielo, por encima de las tierras y los mares. Un día, Hele se quedó dormida sobre el lomo del carnero y, soltando el mechón de pelo al que iba agarrada, cayó al agua y se ahogó. De su nombre de niña deriva el que sigue llevando hoy ese sector del «mar» (en griego antiguo πόντος, *póntos*), «Helesponto». Frixo, en cambio, continuó su viaje y arribó a la Cólquide, al reino de Eetes, que le dio por esposa a su hija Calcíope a cambio del vellocino de oro en busca del cual iba ahora Jasón con todas sus fuerzas junto con sus compañeros de travesía.

Fue con «pleno derramamiento del corazón», por citar una de las expresiones que más adoro de Giacomo Leopardi, como dijo Jasón:

> A bordo de esta nave se puede
> llegar a todas partes, allá donde queramos, ya sea a Ea
>   [la Cólquide],
> o a la rica ciudad del divino Orcómeno.
> Pues Atenea la diseñó, y cortó incluso con su hacha de
>   bronce
> los troncos de la cima del Pelio. Y con su ayuda
> Argos [el carpintero] la construyó.
> [...]
> Nuestro objetivo es llevar a la Hélade
> el vellocino de oro.

Los muchachos miraban hacia el mismo mar y entretanto escuchaban a su compañero «horrorizados». Imposible, imposible, se repetían una y otra vez meneando la cabeza, no lo conseguiréis nunca.

Los hijos de Frixo se ofrecieron de buen grado a ayudarlos en la empresa, pero enseguida se pusieron a enumerar todas las trampas con las que los argonautas iban a encontrarse a lo largo de su viaje, como si el mero hecho de que se les ocurriera la idea de llevarlo a cabo hubiera sido una estupidez.

La crueldad de Eetes era «inhumana», protegido como estaba por una tribu salvaje de fuerza desmesurada. Y, aunque hubieran vencido al rey, el vellocino habría seguido vigilado por un dragón «inmortal e insomne», dispuesto a arrastrar a la laguna en la que moraba a todo el que se atreviera a acercarse.

Los argonautas quedaron en silencio; «la palidez invadió sus mejillas» al escuchar la serie de peligros hacia los que se encaminaban. Se pusieron a temblar y hasta hubo alguno que pensó en dar marcha atrás.

También Jasón experimentó por primera vez lo que significaba ver cómo su debilidad era objeto de burla por parte de quien había sido tomado por un amigo.

Fue de nuevo un muchacho, Peleo, el padre de Aquiles, quien por entonces era todavía un niño en pañales, el que rebatió de inmediato las razones de los mayores, para impedir que el miedo esclavizara los pensamientos de sus compañeros.

Amigo, no nos asustes tanto con tus palabras.
No nos falta valor, y no nos enfrentaremos a Eetes
como hombres inferiores en el uso de las armas;
antes bien llegaremos a la Cólquide como expertos en
la guerra.

Y lo dijo con orgullo, porque el objetivo había sido decidido.

Frixo había sido el padre de aquellos hombres que los argonautas tenían ahora delante y que fingían olvidar que estaban en el mundo porque, en otro tiempo, su padre, casi un niño todavía, había emprendido el viaje a lomos de un carnero completamente dorado.

Inesperadamente los hijos de Frixo mostraron su falta de valor ante aquellos muchachos, porque también ellos, poco antes, habían fracasado: su barco, que se dirigía a Orcómeno, una mítica ciudad de Arcadia, había naufragado.

Su miedo ocultaba su herida y todo su temor a emprender el regreso otra vez por mar. Suspiraban, pero no por los peligros hacia los que se dirigían, sino por el recuerdo de los riesgos que habían corrido y por el temor de tener que padecer otros nuevos.

«Ὦ φίλοι» (*o phíloi*), «Oh, amigos», no hacían más que repetir a los argonautas por el chantaje que el miedo de volver a levantarse después de una caída lleva siempre consigo, junto con esa voz gangosa que, dentro de nosotros, no hace más que repetirnos: «Ya has fracasado una vez, no lo intentes más».

La humana debilidad que, por fragilidad, corre el riesgo de corroerse y de convertirse en cobardía.

Sus advertencias no eran más que todos esos «luego no me vengas diciendo que no te había avisado» que, de vez en cuando, escuchamos cuando pedimos a un amigo que nos dé ánimos y lo que obtenemos, en cambio, es mofa disfrazada de compasión.

Todos esos «Olvídalo, sé de lo que estoy hablando, yo ya he pasado por ello» de cuando hemos pedido ser acogidos y no una opinión, porque no, nosotros todavía no sabíamos, todavía no habíamos pasado por ello, y, en definitiva, no habríamos querido hacer las cosas solos, sino con un amigo.

La determinación de aquellos chicos de la nave *Argo*, quizá un poco locos, sin ninguna duda extraños a sus ojos, pero con un viaje en la cabeza que querían llevar a cabo a toda costa, representaba para los hijos de Frixo la evocación de la audacia, mientras que el valor, que el naufragio había hecho flaquear, lentamente estaba despertándose otra vez en ellos.

Aquel naufragio había sido solo suyo y de nadie más, esa es la ley de la vida, que pasa y no vuelve. Un naufragio que ignoraban que había sido decidido por Zeus para que, como amigos y compañeros de nuevas aventuras, se unieran a los argonautas en aquella isla perdida de Ares.

Los argonautas dejaron de hablar y se durmieron a la espera de que llegara la mañana para partir de nuevo. Los hijos de Frixo, que habían encontrado otra vez el valor para zarpar, decidieron que partirían con ellos.

Y la aurora no tardó en volver a brillar, como ellos deseaban.

Desear algo o a alguien con todas nuestras fuerzas es uno de los impulsos más fuertes del ser humano. Sucede cuando un sueño deja de ser pasivo y se vuelve activo, acción concreta con efectos reales sobre nuestra realidad personal.

Sin embargo, muchas veces sucede que reemplazamos el camino por la meta, el destino por el viaje en su totalidad.

Confundimos el amor, la amistad, nuestros proyectos, con una mera gestión logística, con un mover de aquí para hacer sitio allá, con un paso hacia delante, pero dos de lado, para no exagerar, con un tener las cosas bien sujetas, como los equilibristas, para no defraudar a nadie.

Y, de ese modo, nos encontramos otra vez cargados de maletas pesadísimas que tenemos que arrastrar en nuestro viaje humano, atentos a la gestión de la vida, como grises e insatisfechos empleados de una terminal de llegadas y salidas.

Tal vez porque hemos olvidado el significado de la palabra «meta», trocado por la cinta roja y la copa que se levanta al final de quién sabe qué *performance* contemporánea; desde la obtención de un título hasta la elección de un trabajo, desde el primer amor hasta el deseo de traer un hijo al mundo, hoy todo parece estar en vilo entre la victoria y la derrota, entre el premio y la competición, unos contra otros.

Los antiguos, en cambio, sabían que cualquier meta no es nunca el punto de llegada: es el punto de inflexión. Y que el sentido de cualquier elección, de cualquier viaje, no es nunca solo adónde se llega: todo está en el por qué se parte.

En latín, *meta* no quiere decir, desde luego, «objetivo», dar en el blanco, como en el juego de los dardos. Cuando se viaja de verdad, vencer no importa nada.

La meta era, para los antiguos romanos, una pila de piedras, una columnita, una simple «señal», colocada en el circo para indicar un punto preciso, pasado el cual los caballos que participaban en la carrera ya no podían dar marcha atrás. La competición, de hecho, no tenía línea de meta: el primero en superar ese punto de inflexión vencía, porque ya no había posibilidad de modificar el curso de toda aquella galopada.

Aprendí el significado de esta palabra de chiquilla, en una excursión escolar, y desde entonces la he llevado siempre conmigo y la he custodiado, sonriendo, como un tesoro a lo largo de toda la vida que ha venido después, «de meta en meta».

Siempre que voy a Roma, vuelvo a ver la *meta* del Circo Máximo, para transformar, primero, esas piedras en recuerdo de lo antiguo y, después, en evocación de lo que es nuestro presente, tan equivocado en su velocidad, tan concentrado en la competición y nunca en el recorrido.

La sorpresa —y la liberación— es descubrir que el primer paso de toda elección no es alanzar el objetivo, sino aceptar el cambio que comporta.

Y saber sonreír cuando se cruza nuestra meta particular, el bellísimo punto de no retorno, porque los que hemos cambiado hemos sido nosotros.

Cuando vas por el mar, a cualquier edad, con independencia de cuán difícil sea que se hunda tu barco —imposible, no puede ser— o de cuán largo, imprevisible, sea el viaje, lo que no cabe nunca es la posibilidad de conocer el futuro.

Lo que importa es tener un motivo por el que valga la pena atravesar toda esa extensión de agua.

Lo que cuenta es tener una meta.

Los argonautas sabían que su objetivo era el vellocino de oro.

Sin embargo, todavía no sabían que la meta, el punto de inflexión hacia el que navegaban, era el amor. Tal como había predicho el viejo adivino: eros sería la gloria y la conclusión del viaje de los argonautas.

ENCANTAMIENTO

Por la noche, cuando el agua parece fosforescente como por un encantamiento, es más fácil localizar y seguir la corriente. El reto está en aprender a reconocerla a la luz del sol.

No os opongáis al mar; antes bien, confiad en él. Dejaos llevar.

Y ahora vamos, Erato, asísteme, y cántame
cómo Jasón logró traer el vellocino de oro hasta su Yol-
    co natal
gracias al amor de Medea. Pues tú también participas
    del poder de Cipris
y hechizas con tus turbaciones a las doncellas
virginales. Por eso tu nombre, Erato, lleva en sí el de Eros.

En el siglo VIII a. C. las primeras palabras con las que Homero empezó la *Ilíada* y la *Odisea* fueron: «Canta, oh diosa».

Y entonces la musa —sin nombre, porque en aquella época no existía todavía la distinción entre las nueve musas de las artes— cantó para siempre.

En el siglo III a. C., en cambio, Apolonio de Rodas pide a la musa: asísteme, no me dejes solo. Y ya no implora a la diosa desde el primer verso de su poema, sino que lo hace en medio de este, al comienzo del tercero de los cuatro cantos de las *Argonáuticas*.

Solo al principio del canto IV, cuando la pasión entre Medea y Jasón se ha convertido en una unión indisoluble, Apolonio de Rodas se rinde a la potencia del amor que le deja la mente «sin palabras» y pide a la musa que escriba por él, que se ha quedado mudo ante la intensidad de aquel sentimiento.

Mucho tiempo ha transcurrido entre los dos poetas, tres épocas incluso: de la arcaica hemos pasado a la helenística y ya no estamos en Grecia, sino en la Biblioteca de Alejandría, de la que Apolonio es el prestigioso director.

Entre un periodo y otro, imborrable ya, se había colado la época clásica de Sófocles y Eurípides, de Pericles y de Platón, que constituía ya el pasado, sí, pero que seguía siendo un recuerdo intensísimo y necesario.

Sobre todo, había transcurrido desde entonces mucha poesía, muchas maneras de decir lo indecible del ser humano en versos.

Apolonio de Rodas invoca, pues, a Erato, la musa de la poesía amorosa, cuyo nombre deriva del de Eros, porque lo acompaña en la narración de aquella fuerza invencible, que mezclará las vidas de un griego y de una extranjera y con la que Jasón superará indemne las pruebas impuestas por el rey Eetes y llegará hasta el vellocino de oro: la fuerza del amor.

He aquí lo que escribe Apolonio, con la sencillez estilística que exigen las grandes cosas: solo «Μηδείης ὑπ᾽ἔρωτι», «gracias al amor de Medea», el viaje de los argonautas podrá llevarse a cabo.

La de Medea y Jasón es la historia de amor, de dulzura, de disputas, de pasión y de infinitos dolores más célebre de la Antigüedad, y quizá también de nuestro presente.

Medea era solo una «chiquilla» —así la define el poeta— que no esperaba nada mientras vivía despreocupada en el palacio real de Ea, la capital de la Cólquide, a orillas del río Fasis, con sus hermanos.

Si contemplaba el mar, por la tarde, era por la maravilla del infinito o por el placer de imaginar lo que llegaría con él. Medea no esperaba que alguien viniera a hacer escala en su puerto y, menos aún, enamorarse.

Nunca hubiera pensado que un muchacho como Jasón, llegado de un país lejano, cruzaría una mañana el umbral de su casa y se convertiría en el hombre de su vida, porque solo a él elegiría entregársela.

¿No ha sido acaso así cuando te has enamorado?

Un encuentro casual un día cualquiera, que, sin embargo, seguirá siendo eterno en vuestro calendario privado, en el que el tiempo tiene un valor completamente personal, distinto del que impone el continuo sucederse de las semanas, de los meses, de los años.

Un rostro, un gesto, a lo mejor ni siquiera un nombre.

La vida de otro que, de repente, entra en la vuestra.

La imposibilidad de prever qué ocurrirá, la sorpresa de desear cualquier cosa que suceda.

Un hombre, una mujer, que todavía ni siquiera conocéis, pero que enseguida habéis reconocido.

Imposible dar una cita a la vida.

«Enamorarse» es un verbo reflexivo; produce efectos, ante todo, en nosotros o, mejor dicho, dentro de nosotros, los únicos a quienes nos es dado conocerlos (los efectos que se verifican fuera de nosotros son las fantasías o los miedos con los que jugamos por la noche antes de apagar la luz).

«Enamorarse» no tiene tiempo ni duración; pertenece a ese instante inesperado, el único capaz de transformar el curso de todo, que Platón, en su *Parménides*, definía como ἐξαίφνης (*exaíphnēs*); sucede «sin avisar y alegremente».

Justo en ese mismo instante Medea paseaba por el jardín de su casa, rodeada de «viñas altísimas que prosperaban con sus emparrados de hojas verdes».

Sin embargo, nada sucedería por casualidad, como casi nunca ocurre.

Tres mujeres, diosas poderosas las tres, estaban preparando aquel momento que cambiaría para siempre a Jasón y a Medea.

Los argonautas, mientras tanto, estaban escondidos en las orillas del río Fasis, a la espera de decidir cómo acercarse al palacio del rey Eetes, cuyas inmensas proporciones divisaban a lo lejos.

Sin embargo, no sabían que las divinidades que protegían el viaje de la nave *Argo* los observaban desde el cielo y se preguntaban cómo ayudarlos.

Así, ocultos en los espesos cañaverales
permanecían emboscados los héroes. Mas los vieron
Hera y Atenea, y retirándose a un aposento lejos
de Zeus y del resto de los inmortales se pusieron a deliberar.

Una era la esposa de Zeus y la soberana del Olimpo, Hera.

La otra era hija de Zeus y diosa de la sabiduría, Atenea.

Confabulaban entre ellas y no conseguían encontrar un modo de hacer posible la empresa de Jasón;

engaños y subterfugios no bastarían para aplacar la crueldad del rey y para apoderarse del vellocino de oro.

Preocupadas y dubitativas, «clavaron su vista en el suelo ante sí, meditando cada una en su interior», hasta que a Hera se le ocurrió una idea:

> Vayamos a ver a Cipris: y cuando lleguemos junto a ella
> pidámosle al unísono que hable con su hijo y lo convenza
> de hechizar a la hija de Eetes, experta en magia, fulminándola
> con sus flechas para que se enamore de Jasón. Creo que
> solo con los consejos de Medea logrará traer a Grecia el vellocino nuestro héroe.

Atenea se estremeció, porque lo entendió todo: el amor era el único recurso; de nada servía la astucia.

Sin embargo, no sabía cómo hablar a la madre de Eros; con palabras dulces por la nostalgia de lo que nunca se ha vivido y nunca se vivirá, Atenea reveló a Hera que para ella enamorarse era imposible, pues Zeus la había hecho virgen y guerrera para siempre. Atenea no iba a conocer nunca «el doloroso encanto del deseo».

Entonces las dos diosas, rápidas y resueltas como solo saben serlo las mujeres, se dirigieron a la mansión de la diosa amada en Chipre.

La encontraron sola, como siempre, desde que la habían obligado a casarse con Hefesto, un dios bueno, protector del fuego y de los metales, que a diario forjaba en su herrería, pero feo y cojo. Afrodita no amaba a aquel hombre de aspecto terrible y varias veces lo había traicionado con Ares, el indomable dios de la guerra del que, desde siempre, había estado enamorada.

La más hermosa entre las diosas, superada solo por una mortal, Helena, que no tardaría en desencadenar la guerra de Troya, se hallaba sentada en un maravilloso trono, intentando arreglarse su espléndida cabellera con un peine de oro, antes de recogerla en largas trenzas del color del heno.

Al ver a Atenea y a Hera llegar a sus umbrales con tanta prisa, sonrió y, con «palabras sutiles», les reprochó, con la confianza propia de las amigas, que últimamente le hubieran hecho tan poco caso y que hiciera tanto tiempo que no se hubieran acordado de visitarla.

Fue entonces, con «mudo estupor y turbación», cuando Afrodita se dio cuenta de que Hera, la más destacada de las divinidades del Olimpo, le suplicaba con humildad.

Nerviosa y preocupada, le pedía que socorriera a un joven llamado Jasón, porque lo amaba mucho desde el día en que, en su afán por «poner a prueba la justicia de los hombres», había adoptado la apariencia de una viejecita, y aquel muchacho, casi un niño todavía, la había cargado sobre sus hombros y la había ayudado a cruzar las turbulentas aguas de un torrente.

La diosa del amor, conmovida, prometió enseguida prestarle toda su ayuda, sin pedir nada a cambio.

Sin embargo, Hera dio de nuevo un paso más en sus súplicas:

No te preocupes, querida. Pide solo a tu hijo
que hechice a la hija de Eetes con el amor del Esónida.
Si ella se muestra bien dispuesta y se pone de acuerdo
    con él,
creo que el muchacho rescatará fácilmente el dorado
    toisón
y podrá regresar a Yolco.

Ante aquella petición, Afrodita se sintió molesta y enojada, como cualquier madre a la que hubiera tocado en suerte tener el hijo más guapo, pero también el más caprichoso.

El chiquillo, de hecho, no escuchaba nunca sus reproches, ni sus recomendaciones; es más, con «una mirada de descaro en sus ojos», se iba por ahí cargado con su arco y sus flechas a divertirse cruelmente haciendo que los humanos se enamoraran.

Todo era juego para Eros, sobre todo el amor.

Tanto llegó a exasperarme con su bellaquería
que a punto estuve de hacer añicos sus flechas de odio-
    sos ecos y hasta su propio arco
en su presencia. Pero él, enojado, me soltó la siguiente
    amenaza:
si no tenía las manos quietas, mientras todavía era ca-
    paz de refrenar su ánimo,
haría que me arrepintiera.

Las dos divinidades sonrieron ante la diosa de la belleza, disgustada por las travesuras de aquel hijo al que no sabía domar, y Afrodita se sintió ofendida por el hecho de que ninguna de las dos se tomara en serio sus penas de madre.

Entonces Hera «tomó su delicada mano entre las suyas, y con una leve sonrisa le dijo en tono cariñoso» que no se enfadara demasiado con aquel chiquillo y que no riñera con él; a lo mejor cambiaba con el tiempo, pero el amor es siempre indomable, como el hombre al que Afrodita amaba en su interior.

De nuevo le suplicó y Afrodita accedió a salir de viaje en busca de su pequeño hijo para convencerlo de que disparara una de sus potentes flechas.

Recorrió todos los valles del Olimpo y encontró al niño jugando con Ganimedes, hijo de una ninfa y príncipe troyano de excepcional belleza.

Se divertían jugando con unas tabas de oro. Un juego en el que se utilizan estos huesecitos de oveja a modo de dados y con el que, hasta el siglo xx, se entretenían los niños en los pueblos, pero que hoy practican solo los chiquillos de los pocos mundos desprovistos aún de videojuegos, tabletas y consolas: en Afganistán, el mismo juego al que jugaba Eros se llama Buzul-bazi.

Cuando llegó su madre, el pequeño sinvergüenza de Cupido intentaba hacer trampas en el juego al pobre Ganimedes. Afrodita le prometió que, si la obedecía, le haría un magnífico regalo: el juguete más bonito de todos, una pelota.

[…] Cuando la agarras con las manos y la lanzas,
como una estrella traza por el aire un surco luminoso.
Pues bien, yo te la regalaré, pero tú a la joven hija de
    Eetes
tendrás que hechizar clavándole tus dardos de amor
    por Jasón.

Sin vacilar, Eros tiró todos sus juguetes y empezó a rogar a su madre que le diera enseguida aquel chisme, pero la diosa lo acarició, lo besó en las mejillas, lo estrechó entre sus brazos y le pidió que partiera de inmediato.

El niño tomó su arco, que había dejado apoyado en un árbol, se lo colgó en bandolera y se ciñó a hombros el carcaj con una correa de oro. A continuación, salió volando a toda velocidad y traspasó las puertas del Olimpo.

> Abajo se le aparecían unas veces los feraces campos, las
> ciudades de los hombres,
> y las sacras corrientes de los ríos; otras, en cambio, veía
> las cimas de los montes y el mar en redor, mientras
> hendía el aire en su ancho vuelo.

Mientras tanto, los argonautas, escondidos en los cañaverales del río, discutían a bordo de la nave *Argo* lo que había que hacer.

Jasón pedía a sus amigos que dijeran todo lo que pensaban, pues, si común era su viaje, común era también el derecho a hablar; solo el silencio habría sido peligroso, ya que pensar y no decir lo que se piensa es el único modo de dejar de ser aliados.

A pesar de todo lo que les habían contado, propuso no privar al rey Eetes de la oportunidad de mostrarse humano y de poner fin a las siniestras leyendas que corrían sobre él. «Pues todos, en todo el mundo, hasta el hombre más impudente, respetan y acatan las leyes de Zeus hospitalario.»

Los argonautas pecaron de ingenuidad y aplaudieron su idea de presentarse en el palacio del rey y, sencillamente, decir la verdad. Las cosas como eran; en definitiva, lo que había.

Nunca habían experimentado lo cruel que puede llegar a ser la naturaleza humana.

Ni tampoco habían experimentado lo que es el amor.

Y eran justo estos polos opuestos, entre los que se despliega todo el sentir de los humanos, los que estaban a punto de conocer por primera vez.

Decidieron entonces dividirse. Unos, capitaneados por Jasón, irían a la mansión de Eetes, ocultos a la vista de los colcos por la espesa niebla enviada por Hera; los demás permanecerían a la espera en la nave amarrada en los cañaverales.

Llegaron a la ciudad y se detuvieron a la entrada del majestuoso palacio real para admirar sus grandes puertas y sus columnas de piedra decoradas con capiteles de bronce sabiamente esculpidos.

Despreocupados por su juventud, cruzaron el umbral.

Fue el espectáculo de las fuentes mágicas de las que brotaban perpetuamente aceite, vino, leche y agua, la maravilla de los suntuosos pórticos y las elegantes estancias en las que vivía el rey en compañía de su esposa y sus hijos, lo que hechizó a los argonautas.

Y, entre la multitud de súbditos, criadas y servidores afanados en el desempeño de los trabajos diarios, vieron a una única persona, a Medea, que paseaba sola.

Se oyó un grito cuando Jasón y sus compañeros fueron vistos y enseguida los ojos de todo el mundo se posaron en ellos, entre el miedo y la sorpresa de contemplar, por primera vez, a unos extranjeros en palacio. Ninguno de los presentes sabía qué hacer, ni qué decir, si tomar las armas o agasajarlos.

Entretanto, invisible, a través del aire luminoso, había llegado también Eros, ansioso por disparar sus flechas. A toda velocidad, escondido bajo el arquitrabe del techo, preparó el arco y sacó de la aljaba el dardo de amor más potente y doloroso que haya existido.

Encajada la cuerda en las muescas
y tensándola con ambas manos
disparó directamente contra Medea. Mudo tormento
invadió el corazón de la muchacha.

Eros escapó a toda velocidad en busca del juguete prometido.

Lo que dejó en el palacio fue ese instante. «Sin avisar.»

Mientras los leñadores cortaban la leña, los cocineros iban de aquí para allá preparando el almuerzo, las criadas calentaban agua y los argonautas miraban a su alrededor sin saber qué hacer, ante la indiferencia de una multitud empeñada en seguir el curso de un día cualquiera, el de Medea se había interrumpido de repente.

No hacía más que mirar a Jasón con un destello en los ojos. Un ansia inexplicable henchía su corazón, ya no se acordaba de nada, ni de quién era, ni de lo que habría debido hacer.

Hija juiciosa de ánimo sensato, había olvidado todo lo que había sido antes de aquel momento.

Amnesia de cualquier pasado, ausencia de presente y deseo de cualquier futuro.

Sus tiernas mejillas se tornaban
ora pálidas, ora rojas, con el extravío de su mente.

Sin avisar y alegremente, Medea se había enamorado.

CÓMO DEJARSE LLEVAR

No tengáis prisa. Los naufragios repentinos son raros. En cambio, son numerosos los riesgos que comporta echar a correr presa del pánico.

Nos os tiréis al agua enseguida, a menos que no haya otra alternativa.

Una vez un marinero saltó al agua aterrorizado y fue devorado por un tiburón, mientras que su barco, un carguero panameño, llegó sano y salvo a puerto.

Alejarse de un barco que se hunde para salvarse es un acto sencillísimo; basta con dejarse llevar.

En cuanto Eetes se enteró de las intenciones de aquellos extranjeros que habían desembarcado en la Cólquide —despojarlo del vellocino de oro, del que, según cierta profecía, dependía la suerte de su reino—, se enfureció y fue presa de una violenta ira. Descontrolado era el miedo de perder el trono en el que se sentaba; y lo mismo cabía decir de su determinación de matar por ello.

«Los ojos le brillaban bajo las cejas en su arrebato», mientras los argonautas intentaban tranquilizarlo con palabras corteses, para suscitar en el rey compasión o, por lo menos, un poco de empatía: no habían venido de tan lejos para usurpar su trono; es más, estaban allí por culpa de un usurpador, Pelias, que había privado a Jasón del trono de su ciudad.

Pacientemente suplicaron a Eetes que les entregara el vellocino; a cambio, toda Grecia guardaría memoria de la gloria y de la generosidad del rey de la Cólquide.

Eetes, por su parte, solo quería una cosa: la muerte de todos ellos.

Su corazón ardía en deseos de matar enseguida a los argonautas, pero su mente se impuso y lo indujo a ponerlos, a su vez, a prueba.

Y, de este modo, interrumpió a Jasón y lo dejó con la palabra en la boca:

> Extranjero, ¿de qué sirve discutir tan por extenso?
> Si verdaderamente sois héroes de la estirpe de los dioses o si, por el contrario,
> venís en busca de lo que no os pertenece sin ser en nada inferiores a mí,
> te daré la piel de oro para que te la lleves, si la quieres,
> no sin antes ponerte a prueba. Pues no recelo de los hombres valientes,
> como hace, según decís una y otra vez, ese soberano de la Hélade.

Solo, y únicamente en un día, Jasón se vería obligado a uncir al yugo dos toros de pezuñas de bronce que exhalaban fuego por la boca y pacían a su aire en la llanura de Ares.

Al amanecer, tendría que enganchar los bueyes al arado y llevarlos a sembrar un campo de cuatro fanegas; no arrojaría en la tierra semillas de grano, sino los dientes de un terrible dragón.

De los dientes brotarían, como si fueran espigas, unos guerreros armados que el muchacho tendría que matar y segar, para luego poner fin a la labor de recolección y devolver los toros al prado donde solían pastar antes de la hora del crepúsculo.

El argonauta se quedó «mudo». La prueba impuesta por Eetes no podía superarse; era, sencillamente, imposible. Jasón tenía los ojos fijos en el suelo y permanecía en silencio, inmóvil por la angustia.

Al final respondió:

Eetes, tienes perfecto derecho a imponerme esta condición tan dura.
Arrostraré la prueba, por inhumana que sea
y aunque me costara la vida.

Pelias había retado a Jasón a partir y a hacerse a la mar, pero, con su intento de desembarazarse del muchacho y de hacerle daño, había obtenido el efecto contrario: Jasón había optado por superarse a sí mismo, por hacerse adulto, por descubrir, en la lejana Cólquide, la medida de los héroes.

A menudo sucede que damos lo mejor de nosotros cuando no aceptamos el chantaje de quien nos quiere mal y lo único que desearía de nosotros, cruel espectador, sería lo peor.

Eetes, en cambio, no conocía el umbral más allá del cual las pruebas ya no hacen de los seres humanos héroes, sino solo locos sin criterio y sin límites. El rey era considerado por todos «inhumano», porque era desmesurado en todo.

Lo que había pedido a Jasón, a cambio del vellocino de oro, no era, desde luego, heroísmo, sino un trabajo enorme, desmedido.

Los argonautas salieron apesadumbrados del salón del rey y volvieron a la nave.

Mientras tanto, los pasos de Jasón fueron seguidos «de reojo» por Medea; desde sus aposentos, esta lo observaba a escondidas, con el corazón enloquecido y la mente volando hacia otra parte.

Cuando desapareció de su vista, la muchacha se encontró «como en un sueño», en esa suspensión y embeleso del pensamiento que todos sabemos sentir cuando vivimos la magia del amor verdadero.

El joven seguía presentándose ante sus ojos y Medea estuvo reviviendo así aquel encuentro, que había durado apenas un instante, durante horas y horas.

Con el hilo del recuerdo estudió todo lo relacionado con Jasón, porque de él quería saberlo todo.

Volvía a traer a la mente su modo de hablar, su manera de andar y de estar sentado, la gracia de su manto y cómo se había levantado para marcharse. Y se estremecía al pensar en la prueba que su padre, tan cruel, le había impuesto; de pronto, Medea estalló en un mar de lágrimas. Lloraba por él, como si estuviera ya muerto, presa de una angustiante compasión.

Herida por un dolor inconcebible, ya no le importaban nada las palabras de los adultos: aquello del heroísmo, de ponerse a prueba, de hacerse mayor.

Lo único que quería era amar a Jasón y ser amada por él. Tal como eran, no importaba que fueran todavía unos chiquillos.

Se vio a sí misma pensando con tranquilidad:

¡Desdichada de mí! ¿Por qué me domina este dolor? Si él tuviera que morir
como el más excelente entre los héroes o como el más vil, que perezca… ¡Pero ojalá salga indemne de tantos peligros!

En un torbellino de ideas, Medea «se convenció de que no había en el mundo un hombre como él». Sin embargo, sabía bien que Jasón no aceptaría nunca ser «el más vil»; prefería sufrir, acaso incluso morir.

Justo por eso había consentido someterse a la descabellada prueba propuesta por Eetes.

Solo, aquel muchacho no lo habría conseguido nunca.

Nunca.

Así que Medea, por amor a Jasón, debía elegir convertirse en toda una mujer y dejar de ser una «jovencita».

Entre lágrimas comprendió que aquel era el umbral que debía cruzar, la prueba que la vida le pedía superar.

Dejar de estar fuera de sí por amor y volver en sí para buscarse a sí misma, comprender, usar su inteligencia para crecer en el amor.

Y para hacer de los dos, desconocidos y extraños, una pareja.

> Pues bien, como no se me ocurría nada mejor, acepté sus órdenes sin rechistar.

Con estas palabras de desconsuelo Jasón acabó de relatar las órdenes de Eetes a sus amigos, que, a bordo de la nave *Argo*, lo acribillaban a preguntas.

A todos la empresa les pareció desde luego irrealizable y se miraban unos a otros, en silencio, desesperados, ante la perspectiva de un desastre que parecía irremediable: ¿habían decidido navegar hasta la remota Cólquide para encontrarse ahora con que ya no podían decidir nada?

Olvidaban que nunca hay nada que sea blanco o negro, que sea un callejón sin salida.

No existe la oscuridad absoluta, siempre hay una luz, sobre todo cuando esta proyecta sombras más densas.

Incluso cuando la elección parece irremediable, porque viene impuesta por otros, podemos o debemos tomar una decisión; resulta inútil invocar al destino, a la suerte, a las culpas ajenas, a la injusticia o a la vileza del mundo.

Todos estamos llamados a diario a elegir o, mejor dicho, a discernir, a mirar en nuestro interior, a escucharnos de verdad, a conocernos, para, después, actuar.

«Discernir» es una palabra bellísima que ya no utiliza casi nadie.

Deriva del verbo latino *discernere*, que, a su vez, proviene del verbo *cernere*, que originalmente indicaba la minuciosa actividad de separar la harina del salvado, aunque luego pasó a significar la actividad todavía más delicada de tamizar nuestros pensamientos, sobre todo los más pequeños, impalpables como el grano molido, para poder separarlos. Y, finalmente, para saber «criticarlos», esto es, valorarlos, sopesarlos en lo que son y en lo que valen, y, por último, decidir. «Crítica» es un término que viene del griego κρίνω (*crínō*), «elegir», del que deriva esa palabra prohibida hoy, porque todos la perciben como una agresión, un ataque personal, una infamia, cuando, en realidad, significa, sencillamente, saber dividir con precisión las ideas para conocerlas mejor y, después, juzgarlas.

La crítica es una actitud profundamente humana, que comporta sensatez, amor, inteligencia, escepticismo y, sobre todo, asumir responsabilidades.

Todas nuestras preguntas vienen del exterior, de fuera, casi siempre sin ser anunciadas de antemano.

En cambio, las respuestas llegan desde nuestro interior; lo sabemos todos tan bien que a menudo no queremos escucharlas o no logramos mantener el esfuerzo de sinceridad y de negociaciones internas que exige el saber elegir críticamente y, por tanto, libremente.

Fue de nuevo el más agudo de todos los argonautas, porque sabía ver en su interior para poder mirar hacia delante, el que respondió a Jasón: Peleo, el que había rebatido de inmediato a los cobardes hijos de Frixo para disipar el miedo del corazón de los compañeros.

Y dijo lo siguiente a los amigos que creían ya que definitivamente no tenían ni opción, ni escapatoria:

Ha llegado el momento de decidir lo que hacemos.
    Mas no espero
que nos ayude tanto la deliberación cuanto la fuerza de
    nuestros brazos.
Si tú, heroico hijo de Esón, piensas realmente uncir los
    toros
de Eetes y estás dispuesto a afrontar la prueba,
prepárate a cumplir tu promesa.
Pero si tu corazón no se fía del todo
de tu valor, no te precipites, pero tampoco permanez-
    cas sentado
buscando con la mirada a alguno de estos héroes; por-
    que yo al menos
no me echaré atrás, pues el único mal que puede acon-
    tecerme es la muerte.

Al igual que la lechuza de ojos glaucos, símbolo de la diosa Atenea, que protegía el viaje de los argonautas, Peleo también sabía ver en la oscuridad y leer lo no dicho para iluminarlo después con palabras.

Recordó a sus amigos que no importa la prueba a la que un hombre sea llamado por otros, por desmesurada que esta sea.

La única elección que cuenta de verdad tiene lugar en el corazón, que debe fiarse de su fuerza y de su valor.

No hay vía mejor para el fracaso que elegir ir contra uno mismo porque se piensa que no quedan alternativas —siempre las hay; ¡siempre!— y que traicionar la única fidelidad que en la vida vale el respeto más alto: la fidelidad a uno mismo, a las propias promesas, a los propios sueños, a la propia medida.

A regañadientes, nadie ha llegado nunca a la meta prevista. Por el contrario, acabamos por crear el enemigo más grande para conseguir el objetivo: nosotros mismos.

Al oír el sabio discurso de Peleo, Telamón, «conmovido en su ánimo», se levantó inmediatamente, como impulsado por un resorte.

Lo mismo hizo Idas, «lleno de orgullo», e igualmente los dos gemelos divinos, Cástor y Pólux, se ofrecieron «con fiereza» a ocupar su lugar, en caso de que Jasón decidiera renunciar a la prueba impuesta por el rey.

Jasón comprendió que el coraje podía venir solo de la determinación de su ánimo. Así pues, ya había elegido: desafiaría a Eetes y se enfrentaría a la terrible prueba.

Fue entonces cuando una pequeña paloma blanca, que venía huyendo de las garras de un gavilán, cayó del cielo asustada en el regazo del muchacho; la rapaz, contrariada, se fue volando.

Aquella era una clara señal de Afrodita, diosa del amor.

Mopso, que sabía interpretar los augurios, comentó:

Creo que todo saldrá bien.
Si es verdad, como predijo Fineo, que nuestro regreso
    está en manos
de la diosa Cipris. De ella es esta dulce ave
que acaba de escapar a la muerte. Sea lo que el corazón
en mi pecho presiente que sucederá según este augu-
    rio.

Los argonautas aprobaron sus palabras asintiendo con la cabeza.

Y Jasón tenía una sola idea en la mente: Medea.

Acostada en un lecho, después de tanto llorar, Medea había caído en un profundo sueño.

Pero enseguida la angustia le envió terribles sueños,
    portadores de engaño y inquietud.

Le parecía que el extranjero había aceptado el reto impuesto por su padre para llevarse a Grecia no solo el valiosísimo vellocino de oro, sino también a ella, como compañera y legítima esposa. Tenía la sensación de que era ella la que domaba los toros y luchaba contra los guerreros armados con una sorprendente facilidad gracias a sus artes mágicas, lo que desencadenaba la brutal ira de Eetes. Y, en su sueño, Medea se veía llamada a dirimir la insalvable disputa entre su padre y los extranjeros y a tener que decidir, de forma irrevocable, de qué lado iba a ponerse; de inmediato la muchacha se inclinó por seguir los dictados de su corazón y escogió al extranjero, sin siquiera preocuparse por su progenitor.

Se despertó y saltó del lecho; el corazón le palpitaba angustiado y los gritos del padre y del hombre al que amaba llenaban todavía su cabeza, mientras que a su alrededor todo permanecía en silencio.

Medea sintió que había llegado su momento, el momento de decidir con los ojos bien abiertos.

«Quiero tener un corazón grande y atrevido», y entonces decidió pedir ayuda a su hermana, que descansaba en la estancia contigua.

Descalza y vestida solo con una ligera túnica, la muchacha salió precipitadamente de su habitación, pero enseguida se detuvo en el patio, refrenada por el pudor. Dio media vuelta y regresó a la cama; luego salió de nuevo, tiró las sábanas por los aires y volvió deprisa a retirarse a sus aposentos.

Medea lo intentó por tres veces, y por tres veces se bloqueó.

A la cuarta se arrojó sobre la cama llorando.

No lograba decidirse, empujada primero por el deseo y, después, obligada a dar marcha atrás por el pudor.

La indecisión hacía que fuera como el mar. Se balanceaba hacia delante y hacia atrás, sin avanzar nunca.

No sabía hablar de sí misma, ni siquiera hablarse a sí misma.

Unas veces las palabras le asomaban a la punta
de la lengua, otras volaban hasta el fondo de su pecho.

A menudo saltaban hasta sus labios deliciosos para ser
   pronunciadas,
pero no lograban ir más allá, pues les faltaba la voz.

Al final, Medea se dejó llevar por el amor.
El corazón remontó el vuelo henchido de alegría,
su rostro se volvió más dulce, el placer le nubló la
vista.

La suya era esa felicidad de aceptarnos, que nos
hace cada vez más hermosos, más ligeros, más ínte-
gros, completos por fin, con todos nuestros vacíos
colmados.

Resolvió que, al día siguiente, al amanecer, haría
llegar a Jasón la pócima que hacía indestructible y
que guardaba en su cofrecillo.

Φάρμακον (*phármakon*), tal era el nombre que se
daba en griego antiguo a las pociones y medica-
mentos, una *vox media* de la que deriva nuestra palabra «fármaco», suspendida entre el doble significado de veneno que puede matar y medicina que
puede salvar.

Y φάρμακος (*phármakos*) se llamaba en Grecia al
«mago», pero también al «curandero». Como Medea,
maga peligrosa y, al mismo tiempo, curandera enamorada.

Con gran sabiduría y pretendida lógica, Platón
utiliza el doble significado de la palabra φάρμακον
en su *Fedro*, un diálogo dedicado al amor como metáfora del respeto a las palabras. En el texto platónico
la palabra aparece dos veces a lo largo de pocas líneas,
pero con sentidos opuestos.

«Veneno», «droga» (φάρμακον) es para Platón escribir sin saber, usar las palabras solo para complacernos, sin querer comunicar nada al otro, en un solitario y estéril monólogo que no admite ni réplicas, ni preguntas.

«Cura», «remedio» (φάρμακον), en cambio, es la dialéctica, la incesante confrontación con el prójimo, el hablar con exactitud en busca de la verdad.

El φάρμακον de Medea llevaba el nombre del mismísimo Prometeo, aquel que fue castigado por Zeus por haber revelado el secreto del fuego a los primeros hombres, que vivían en condiciones de miseria y sufrimiento.

«Tu delito divino fue ser bondadoso, / el hacer con tus preceptos menor / la suma de las desventuras humanas», escribió lord Byron en su poema dedicado a Prometeo, que lo descubrió todo y lo dio todo compadecido por el infeliz género humano.*

El ungüento había nacido de la negra sangre de Prometeo, que había goteado sobre las remotas tierras del Cáucaso cuando el semidiós había sido acosado por el águila enviada por Zeus para castigarlo.

Allí había brotado una flor del color del azafrán, altísima y esplendorosa; de su raíz Medea había recogido el jugo con una concha para fabricar con él una potentísima pócima.

Quien se untara el cuerpo con ese aceite mágico durante todo un día se haría invulnerable a los golpes del bronce y al ardor del fuego.

---

* Lord Byron, *Poemas escogidos*, «Prometeo», Madrid, Visor, 1985, p. 56, trad. de José María Martín Triana. *(N. de los T.)*

[...] Deseaba que al punto se viera brillar
la Aurora naciente, para dar a Jasón el prodigioso
fármaco, según lo acordado, y así tenerlo ante sus ojos.
Una y otra vez abría los cerrojos de sus puertas
espiando la menor claridad, hasta que por fin le envió
  la ansiada luz
la Hija de la Mañana, mientras en la ciudad todos em-
  pezaban a moverse.

Cuando llegó la Aurora, Medea se enjugó el rostro
empapado de llanto.
  Recogió sus indómitos cabellos rubios en delica-
das trenzas, dejó su piel brillante con el néctar y se
puso la túnica blanca más elegante, ceñida a la cintu-
ra con magníficas hebillas.
  Tomó el cofrecillo y escondió la pócima bajo la
banda que le ceñía el seno. Y, esperando el momento
propicio para encontrarse con Jasón, se puso a caminar arriba y abajo por la casa con pasos ya seguros,
«olvidada del presente infinito y también del futuro,
más infinito todavía».

Todos queremos ser libres, todos reclamamos libertad.
  Libertas en latín, ἐλευθερία (*eleuthería*) en griego,
son palabras que se remontan a una antiquísima raíz
indoeuropea *leudhero-*, esto es, «aquel que puede
pertenecer a un pueblo».
  La libertad es, desde siempre, la condición del
hombre carente de vínculos desde su nacimiento, por
contraposición a la del *servus*, el esclavo, o al punto
medio del *libertus*, el esclavo manumitido.

Solo el hombre libre puede optar espiritualmente a pertenecer a una entidad superior por encima del mero individuo: a un Estado, a una religión, a una familia, a un amor, a una profesión.

El siervo pertenece a alguien, al igual que un objeto; la suya no es adhesión, sino posesión.

La voluntad de ser libres, no ya siervos, esclavos, constituye el motor de cualquier historia, desde la Historia con mayúscula, la Historia del mundo, hasta la más pequeña, la historia personal de cada ser humano.

En su nombre se han organizado protestas, rebeliones, guerras; revoluciones capaces de cambiar las fronteras geográficas y éticas de pueblos enteros y también seculares.

Es por sus pretensiones de libertad por lo que el ser humano ha dejado en algunos momentos, más o menos largos, de estar solo y se ha unido a otros. Para convertirse no ya en «uno», sino en «uno de»; de aquellos que han hecho la Historia y que la han cambiado. Somos libres solo junto con alguien o algo más grande que nosotros. La soledad, en cambio, es la vía hacia la pequeñez de la esclavitud.

Cada día, desde el primero, todos reclamamos a voz en grito la libertad, hacemos de ella una cuestión de honor, luchamos contra quien nos impide elegir lo que vamos a hacer, adónde vamos a ir, cómo vamos a pensar, en qué vamos a creer, a quién vamos a amar.

Sin ninguna duda por ella vale la pena levantar la cabeza, la voz o las manos al cielo. Y vale la pena ir a liberar a otros.

Sin embargo, con frecuencia nos olvidamos de que ser libres significa tener un derecho que ejercer, sí, pero, al mismo tiempo, también un deber que cumplir; el de elegir. Decidir de quién o de qué liberarnos y qué hacer después con la libertad conseguida.

Pues ¿de qué sirve entonces ser libres?

El sentido griego de la libertad era, por consiguiente, tan profundamente humano que supo luego hacerse político, universal.

No solo residía en la posibilidad de considerarse libres de un tirano, de un extranjero, de un amo, sino, sobre todo, en la facultad de ejercer el derecho a elegir.

Como hacen Jasón, Medea, y los argonautas.

La libertad es, pues, un viaje que debemos llevar a cabo. Y por eso, desde siempre, da miedo.

Todos queremos ser libres «de lo que sea», pero, en el momento exacto en que llegamos a serlo, estamos obligados a elegir «lo que sea de».

Y elegir significa siempre renunciar a otro o a otra cosa.

No conozco a nadie que haya sacrificado su vida por poder llamarse esclavo, pero sí a muchos que han malgastado su vida porque estaban oprimidos, aplastados por la responsabilidad de ser demasiado libres.

El espacio entre estas dos proposiciones, «estar libres de» y «ser libres de»,* presuponía para los griegos el concepto de medida, de mesura, y nunca de exceso.

---

* La frase original italiana es intraducible. Literalmente dice: «el espacio entre esas dos preposiciones simples, libres de (*da*) y libres de (*di*)...». En español utilizamos la misma preposición para expresar aquello «de lo que estamos libres» y aquello «que somos libres de». *(N. de los T.)*

Si la primera advertencia de Delfos nos pide que nos conozcamos a nosotros mismos y que nos redescubramos cada día, el segundo nos recuerda con exactitud la medida de saber vivir plenamente libres y humanos: μηδὲν ἄγαν (*mēdén ágan*), dice el oráculo, «nada en demasía».

La sintaxis de la libertad humana según el pensamiento griego es esta, en toda su dignidad y en toda su plenitud.

LA MEDIDA DE LOS HÉROES

No dejéis que la naturaleza humana os engañe con la indiferencia o la dejadez.

Cualquier hombre está dispuesto enseguida a pagar dólares y más dólares por comodidades y lujos, pero no daría un céntimo por poner a prueba lo más valioso que posee: su vida.

Conoce bien la seguridad de la calma chicha del lago, pero solo porque no ha experimentado nunca las olas del mar.

El viaje ha sido siempre algo que concierne a los demás, pero ahora, ahora le toca a él.

En la espléndida colección de textos titulada *El verano*, Albert Camus reflexionaba sobre lo lejos que estamos —exiliados como quien dice— de la naturalidad del saber vivir propia de la antigua Grecia. Y escribía:

Diosa de la mesura, no de la venganza, Némesis vigila. Todos cuantos traspasan el límite reciben su despiadado castigo.*

Hoy por «Némesis» entendemos habitualmente la sanción impuesta por la suerte, el castigo cruel del destino. Sin embargo, para los griegos no era así, desde luego.

---

* Albert Camus, *El verano*, «El exilio de Helena» [1948], Madrid, Alianza, 1996, p. 55, trad. de Rafael Chirbes. *(N. de los T.)*

Como nos recuerda Camus, Νέμεσις (*Némesis*) era una figura mitológica (según algunos, hija de Zeus, según otros, amante) que representaba la medida de la justicia humana, guardiana del equilibrio que causa alegría a los seres humanos y encargada de castigar la desmesura, que, por el contrario, comporta solo angustia y dolor.

Su nombre deriva del verbo νέμω (*némō*), que significa «repartir», pero no ya premios o venganzas, sino límites y medidas.

Al igual que el sentido de la palabra latina *discernere*, la tarea de Némesis era demasiado privada, individual, invisible; todo hombre tenía su propia vida con la que ponerse heroicamente a prueba según su propia y única medida.

Así, en el viaje de los argonautas, vemos que el adivino Fineo había sido castigado por los dioses porque no había sabido aplicar la justa medida al don que poseía a la hora de escoger qué cosas revelar o no a los seres humanos. Y así Jasón podrá superar la desmesurada prueba solo si cuenta con la ayuda de la inteligencia de Medea.

Νέμεσις se encargaba de las elecciones de los hombres, no de la justicia entendida como código legal. Esta era privilegio de Δίκη (*Díkē*).

Cuando los romanos —y, por consiguiente, el modo «latino» de ver el mundo por el cual seguimos teniendo empañados los ojos— heredaron buena parte del panteón griego, no supieron comprender la distinción entre límite y pena, entre decisión interior y orden social. Némesis, pues, fue abandonada, confundida con los caprichos del destino y la venganza de la suerte. Ese sentido de medida que comportaba se perdió para siempre y la antigua Roma se entregó por entero a *Iustitia*, la diosa con la balanza entre las manos equivalente a la griega Δίκη, que dispensaba penas y castigos en caso de cualquier infracción de las leyes del Estado.

Hoy vivimos unos tiempos de desmesurados excesos y de desproporción generalizada y, sin embargo, nos lamentamos de la escasez de cosas que podemos hacer.

Tenemos siempre más y más cosas, pero no sabemos qué hacer con ellas.

Tememos la responsabilidad que comporta el hecho de ser libres, así que nos quedamos inmóviles, anestesiados por el exceso, sin plantear demasiadas preguntas, ante todo a nosotros mismos.

Respetamos las leyes del Estado, acatamos las reglas de conducta del puesto de trabajo, cumplimos la política de las redes sociales y todos los códigos de comportamiento social impuestos por otros. Y pensamos que con eso basta para vivir libremente y para ser felices.

Casi nunca recordamos que las leyes del alma son distintas, porque responden a lógicas íntimas (y que nosotros somos el juez último de la manera que elijamos vivir nuestra vida). Mientras tanto las pisoteamos, las ignoramos, preferimos excedernos, transgredir, palabras que, en un principio, no tenían ninguna connotación ética o moral y, menos aún, jurídica, pero que significaban —del latín *excessus* y *transgressus*— «sobrepasar el límite», «superar la medida», «cruzar la frontera».

Esa gramática de la libertad griega que prevé la justa medida a la hora de actuar ya se ha perdido, ya no entendemos las palabras que, cada día, nos dirige el alma y, llenos de confusión, intentamos responder a ellas balbuciendo su lengua que, sin embargo, ya no entendemos. Vivimos cada límite como un obstáculo que hay que superar y no como una indicación, como una señal hacia la felicidad, esto es, hacia la libertad.

Desmesurados, somos todos idénticos unos a otros, hasta tal punto que los sociólogos pueden felizmente clasificarnos sobre la base del iPhone que tenemos o no entre las manos, sobre base de lo que es más probable que compremos en Amazon gracias a un desconocido algoritmo o a nuestra «capacidad de gasto». La taxonomía contemporánea está hecha de letras y, sobre todo, de dinero; pero nunca de pensamientos, de ideales, de valores.

Así, todos encontramos nuestro lugar anónimo entre los *baby boomer*, la generación X, la Y y, luego, la Z, entre nativos digitales y analfabetos informáticos, definiciones que ni siquiera somos capaces de entender bien; pero allí, nos han dicho, entre esas síntesis de Wikipedia, encontraremos lo que ya no somos capaces de entender de nuestros hijos, de nuestros padres, incluso de nosotros mismos. Sin embargo, las generaciones no preparadas para la pobreza crecen y se quedan sin nombre.

En la uniformidad impuesta por unos tiempos de consumo, la excentricidad se ha convertido, por tanto, en la única ley para diferenciarnos de los demás.

¡Cuidado, no vayamos a ser normales, mesurados, simplemente humanos! ¡Qué peligroso es confesar las propias pasiones! Resulta imposible mostrar nuestras debilidades en una era en la que, al igual que la crueldad de Eetes, es desproporcionada la búsqueda de la perfección absoluta y de la total excentricidad, de la rareza retorcida.

Preferimos ser excéntricos, estar *ex-centrum*, «fuera de nuestro propio equilibrio», antes que «centrados», sencillamente dentro de nosotros mismos, antes que ser amados tal como somos y no por ser, a todas luces, distintos de quienes en realidad somos.

Los griegos, empezando por Homero, indagaron durante siglos acerca del concepto de «justicia» sobre la base de una sola medida: la humana.

Y lo mismo cabría decir del arte, de la poesía, de la ciencia, de la arquitectura: el parámetro era el hombre, grande, aunque mortal. El hombre libre de ser heroico, es decir, verdadera y profundamente él mismo.

Los valores universales en los que Grecia había fundado su civilización provenían, ante todo, de la mera acción, del caso concreto del momento, del gesto de un instante. Preexistían, existían antes que todas las cosas.

Por eso los límites, guardados por Némesis, no eran obstáculos para la libertad humana, antes bien, constituían su privilegio y ensalzaban su belleza.

Hoy los valores no se sitúan casi nunca en el centro de nuestra reflexión, mientras que echamos abajo las puertas, cortamos los puentes y quemamos el pasado.

Todo límite humano nos resulta estrecho, todos somos extremistas de algo o de alguien, confundimos esa borrachera colectiva con la suprema realización de la libertad moderna.

Sin embargo, vivimos sin medida, salvo la de los «peores hombres», como nos dice esa chiquilla de la Antigüedad llamada Medea.

No estamos dispuestos a sufrir, no queremos renunciar a nada, pretendemos tenerlo todo.

Nos entusiasmamos con gestos baladíes —somos todos «alguien» en un *hashtag à la #jesuis*—, nos indignamos ante los obreros explotados por coser harapos y, al mismos tiempo, estamos dispuestos a matar si cualquiera se interpone entre nosotros y las rebajas de Zara.

La bulimia de información ha producido casi en todas partes un descenso de la calidad, contenidos desdeñables y un inevitable olvido después de un mero clic en una página web, de la enésima secuela de una película, de las primeras diez páginas de un manual sobre cómo vivir hasta los ciento veinte años o más.

Nos hemos dejado arrebatar todos los derechos que nuestros padres conquistaron para nosotros con el coraje de las armas y ahora nos encontramos sin deberes y, por tanto, ya no somos libres, sino esclavos de algo, cada uno a su manera.

Sin los valores humanos, aullamos como hombres primitivos por defender nuestras «tradiciones» y nos aferramos a aquello de «siempre se ha hecho así» y, mientras tanto, nos olvidamos de las estratificaciones de pueblos que nos han precedido y atacamos al otro por el color de su piel, por su religión, por el país de origen; y así el Mediterráneo por el que viajaba la nave *Argo* se ha convertido en un cementerio submarino.

Cada día estamos más atemorizados y nos pillan desprevenidos, porque nuestro granero de valores está ya vacío después de tanto echar mano de él y de agotar sus existencias. Nos encontramos asustados, indefensos, solos. Sin embargo, el primer enemigo no es el extranjero, el culpable, el invasor, el otro, sino nosotros, que vivimos cada día de mala gana y, sobre todo, en contra de nosotros.

Los antiguos griegos intentaron siempre protegerse de esa sensación de extravío generada por la intemperancia y la desmesura gracias a la armonía, ἁρμονία. Esta es una de mis palabras preferidas, porque significa «conectar, relacionar, unir conjuntamente en la justa proporción».

«Arte», «amistad», «belleza de la virtud», palabras que comparten la misma raíz sánscrita *ar-* que se encuentra en «armonía» y en las palabras griegas ἀρῶ (*arō*), ἀρθμός (*arthmós*), ἀρετή (*aretḗ*); y también en ἀριθμός (*arithmós*), esto es, «número», de donde deriva «aritmética», no solo en su significado primario de matemáticas, sino, sobre todo, en el de saber ajustar las cuentas con las matemáticas humanas, sus números, las adiciones y sustracciones que siempre nos impone.

Basta leer cualquier texto, tragedia o comedia griegos, o levantar la nariz hacia la Acrópolis de Atenas: todo era tan majestuoso, tan heroico; pero los griegos no llevaron nada al extremo, más allá del límite previsto por Némesis.

Y, por consiguiente, nada estaba prohibido, desde el amor hasta lo sagrado, desde la debilidad hasta las lágrimas, desde la lógica hasta la sutil sabiduría.

Hoy mucho de lo que los griegos idearon para acompañar a los seres humanos en ese viaje que es la vida están en crisis; allí donde sobreviven, yacen olvidadas en algún archivo.

Los teatros cierran, el índice de confianza en la política roza el cero absoluto, las religiones, propias o ajenas, producen recelo y trastornos, si algo no cuadra, es siempre culpa de otro, a quien estamos obligados a señalar con el dedo, la precariedad laboral hace que nos sintamos como esclavos liberados dando tumbos, las ciudades se han convertido en desmesuradas cárceles de tráfico y *design*, totalmente «fuera de la medida» del hombre.

Inmaduro es nuestro exceso e inmaduro nuestro terror.

No está claro qué bárbaros están a nuestras puertas, pero vivimos cada día como adolescentes temblorosos, igual que Rómulo Augústulo, el último emperador romano de Occidente, poco más que un chiquillo, derrocado por Odoacro y despedido con una palmadita en la mejilla.

A falta de límites, nos hemos hecho un mundo infantil que lloriquea, se enfada, tira el juguete enrabietado, dispuesto a sonreír ante el próximo regalo, ante la próxima baratija.

Ya no queda ninguna huella de rumbo, solo esa pura y ciega casualidad que los griegos temían más que la guerra: la manera de vivir navegando a la vista entre los escollos, trivial suma de acontecimientos fortuitos cuya responsabilidad no asume nunca nadie.

Esa es la incapacidad de decidir y, por tanto, la sumisión definitiva a los caprichos de la suerte y del destino.

Los griegos llamaban Ἀνάγκη (*Anánkē*) al extravío del heroísmo humano, la necesidad de tener que obedecer a lo primero que venga, a lo primero que pase; sin poder elegir.

Según la mitología, el laberinto de Cnoso fue construido por el rey Minos en la isla de Creta para encerrar en su interior al monstruoso Minotauro, feroz criatura con cuerpo de hombre y cabeza de toro.

Se trataba, como cuenta Virgilio en el libro VI de la *Eneida*, de una maraña de estancias, senderos y galerías circulares, proyectada por el arquitecto Dédalo, que, al término de su empresa, se encontró prisionero, encerrado en su propia construcción junto con su hijo Ícaro.

Para huir del laberinto inventó unas alas fijadas con cera que provocaron la muerte del muchacho, pues este, curioso en exceso, se acercó al sol y acabó por fundir esta y caer al mar.

A continuación, Teseo, hijo del rey de Atenas, mató al Minotauro, que cada nueve años reclamaba siete niñas y siete niños atenienses para ser sacrificados.

Salió airoso de la empresa solo gracias a la hija de Minos, Ariadna, que se enamoró de él.

La joven, tras sufrir muchos tormentos en privado, decidió abandonarse al amor y ayudó a Teseo a salir del laberinto. Le ofreció entonces un ovillo rojo que este debía ir desenrollando para poder seguir después sus propios pasos hacia atrás.

El día gris y lluvioso de noviembre en el que me licencié en filología clásica me tatué en el tobillo el dibujo del laberinto de Cnoso, tal como aparece representado en una de las treinta y tres monedas encontradas en la isla de Creta y que datan de época minoica…, con no poca desesperación por parte del tatuador obligado a lidiar con todas esas líneas curvas tan apretadas y precisas.

A lo largo de los años han sido muchos los que, llenos de curiosidad, se han arriesgado a embarcarse en la misma empresa que Teseo para intentar salir del laberinto de Cnoso.

Si queréis, intentadlo ahora vosotros también, siguiendo con el dedo o con un bolígrafo las líneas del dibujo.

Todos han intentado partir de su centro para encontrar en alguna parte, a lo largo del recorrido imaginario, una salida, tan clara en la parte superior derecha de la imagen.

El error es de método y, por tanto, de parámetro, palabras que, como veremos, derivan de la misma raíz.

Imposible —porque no tiene límite— pensar en todo el laberinto, que quizá sea la metáfora más antigua de los límites humanos.

Por el contrario, hay que pensar dentro del laberinto, partiendo de su centro y yendo hacia atrás; parece claro que, a menos que tuviéramos alas, por alguna parte hemos entrado.

Solo dentro del laberinto puede descubrirse el camino de salida, nunca al revés.

El dédalo de Creta es el símbolo de la prisión, en la que se aplica a cada situación o circunstancia de la vida el mismo modelo de pensamiento, el mismo esquema agotado de pasatiempo que prevé respuestas cerradas, en la que repetimos como autómatas los pasos ajenos y nos negamos la posibilidad de elegir nuestro camino personal.

Ser libres, de un laberinto o de un miedo que nos esclaviza, es una pregunta.

La respuesta, el camino, está solo dentro de nosotros, es caminar hacia atrás en nuestros esquemas mentales, sin dejar nada al azar o en manos de lo ya dicho.

Todos tenemos nuestro hilo de Ariadna, que nos impulsa hacia delante y nunca hacia atrás, a la hora de comprender el porqué de nuestros pasos presentes: el arte de saber elegir, esa armonía griega, está en la dolorosa sinceridad que comporta esa toma de conciencia.

Los griegos veneraban a una diosa capaz de proteger la elección, siempre diferente, a la que nos llama la vida. Esa diosa era Μῆτις (*Mêtis*), madre de Atenea, la virgen sabia y guerrera que protegía también el viaje de los argonautas.

Μῆτις era la capacidad de aferrarnos sólidamente a la realidad de manera cómplice y dúctil para convertir nuestras debilidades en las cómplices de nuestras decisiones más inesperadas; era la disposición a entender que sí, que esta vez nos está pasando a nosotros y, por tanto, debemos actuar, incluso en medio del dolor y del cansancio que todo cambio acarrea.

Μῆτις era la plasticidad que consentía la victoria allí donde ninguna solución o posibilidad de elección se les habría pasado nunca por la cabeza a los demás, excepto a nosotros; como en el famoso laberinto de Cnoso, sería a Μῆτις a la que deberíamos recurrir cada vez que nos dicen que algo es imposible o que no hay alternativas.

Y su mayor enemigo era la casualidad, hacer las cosas por hacerlas, seguir adelante para ver lo que pasa; el «mañana será otro día» de la diosa Ἀνάγκη.

Μῆτις es, pues, la capacidad de elegir, de comprender lo real y de actuar, una manera de pensar tan sincera y tan heroica, abandonada desde los tiempos de los griegos, que hoy vuelve, dotada de un valor excepcional, a todas nuestras vidas.

El nombre de la diosa de la sabiduría basada en el límite deriva de la raíz indoeuropea *me-, que, sorprendentemente, encontramos en muchas palabras.

En μέτρον (*métron*), por ejemplo, que significa «medida», «proporción».

En μήδομαι (*médomai*), un verbo que significa «meditar», «reflexionar», «idear», pero también «curar», «cuidar de».

Y justo en ese sentido de sabiduría flexible, de medida y de reflexión íntima deriva el nombre Μήδεια (*Médeia*).

Medea.

TERNURA

En caso de naufragio, no debe infravalorarse nunca la sonrisa. Su ausencia ha causado más desgracias que la falta de agua, más víctimas que las bombas y los torpedos.

Es en vuestro humor en lo que se basan el valor y la confianza, y el humor casi siempre viene dado por la suma de pequeñas cosas. No olvidéis la ligereza que contribuye a hacer de él algo positivo.

Un viejo refrán balcánico dice, más o menos, algo así: «Antes de salir en busca de la felicidad, acuérdate de escudriñar bien las cosas. A lo mejor ya eres feliz».

La felicidad con frecuencia es pequeña, corriente, discreta, y somos muchos los que ya no somos capaces de verla. Quizá a veces bastaría solo con mirar a nuestro alrededor.

Jasón se encaminaba al templo de Hécate, el lugar de la cita acordada con Medea.

Según Apolonio de Rodas, el héroe estaba magnífico, no se había visto a nadie igual en tiempos de los antiguos, ni entre los mortales, ni entre los dioses: era hermoso «tanto en su aspecto externo como en su forma de hablar».

En el pensamiento griego, la belleza no residía solo en el cuerpo, sino, sobre todo, en las palabras y en el tacto para saber usarlas en el momento oportuno.

Esa ocasión irrepetible que exige palabras purísimas era llamada por los griegos καιρός (*kairós*), un lapso «dentro del tiempo» cronológico, que, por su parte, se denominaba χρόνος (*chrónos*).

Καιρός es la ocasión en la que nos sucede algo único y especial, capaz de cambiar para siempre la existencia de un ser humano, un momento que, cuando llega, no admite ni pasado ni futuro, solo presente.

Era, pues, hacia su καιρός hacia lo que se dirigía Jasón, resplandeciente como una estrella gracias a la determinación de Hera y a la seducción de Afrodita.

Era hacia Medea hacia la que Jasón se dirigía.

Como para los antiguos griegos la belleza estaba estrechamente ligada a las palabras, resulta difícil encontrar en las *Argonáuticas* una descripción exclusivamente física de los dos protagonistas: mínimos son los detalles de su aspecto físico, al igual que en toda la literatura griega, mientras que los sentimientos de su alma son investigados en profundidad.

De Jasón y Medea sabemos solo que habían sido hechos hermosos por el amor y que eran ξανθόι (*xanthói*), «rubios», y con los ojos muy azules. Tenían brazos blancos, dedos rosados, un color claro y una tez delicadísima; su piel era suave y estaba perfumada como la miel.

Como han señalado a menudo los estudiosos, entre ellos, *in primis,* el filólogo austriaco Karl Jax, también los héroes de Homero son todos rubios: Aquiles es rubio y se dice que son rubios Menelao, Radaman-

tis, Briseida, Meleagro, Agamedes, o Hermíone. La
única excepción es Ulises. Helena, por la que se combate en Troya, es rubia, al igual que lo es Penélope en
la *Odisea*. En resumen, entre las heroínas no hay ninguna que tenga el cabello negro, detalle muy singular
si se tiene en cuenta la naturaleza profundamente
mediterránea de los griegos. Si bien hasta la Edad
Media han sido representadas en el arte siempre ru-
bias y de piel clarísima, hemos sido los contemporáneos los que hemos reconducido su aspecto hacia un
color moreno más plausible: inolvidable es la Medea
interpretada una enérgica Maria Callas en la película
homónima de Pier Paolo Pasolini.

También entre los dioses Afrodita es rubia, como
Deméter. Entre todas, sobresale la diosa rubísima de
ojos de hielo, Atenea, a la que se aplica el epíteto
γλαυκῶπις (*glaukôpis*). El término deriva de la unión
del adjetivo γλαυκός (*glaukós*), que significa «resplandeciente», «plateado», pero también «azul» y «gris», y
ὤψ (*ôps*), «ojo» o, a veces, «cara», y que habitualmente
se traduce por «de mirada chispeante» o «de ojos
relampagueantes».*

Así, rubísima y altiva, era la estatua de Atenea, de
oro y marfil, situada en el centro del Partenón, acom-
pañada de la lechuza, su animal simbólico, de ojos
capaces de ver en la oscuridad para sondear las tinieblas del alma humana.

Espléndida es también la palabra griega que de-
signa la pupila de los ojos, ἴρις (*îris*), o sea, «arcoíris».
Tal era, según los griegos antiguos, la potencia de la

---

* En general, en español se ha traducido casi siempre como «de
ojos de lechuza». *(N. de los T.)*

mirada, de los ojos clavados en los ojos, tan «iridis-cente» o, mejor dicho, tan incandescente, que provo-caba un sobresalto en el alma del que miraba al otro.

Muchísimos estudios se han publicado sin inter-rupción a lo largo de los siglos para entender estas connotaciones físicas de héroes y de divinidades; pues en los textos no son rubios ni los pastores, ni los pes-cadores, ni los ciudadanos corrientes. La mayor parte de esos estudios remiten a análisis antropológicos, según los cuales los griegos habrían sido un pueblo de raza germánica o eslava que habría llegado a la Héla-de a raíz de la migración de los aqueos.

Para explicar a los modernos el valor poético del color trigueño del cabello de Medea y de Jasón servi-ría, tal vez, una palabra española, el adjetivo «raro», que no significa solo «infrecuente», «difícil de encon-trar», sino también «precioso, valioso», algo tan «dig-no de estima» que debe ser cuidado y guardado como un tesoro.

No por casualidad, más allá de toda valoración historicoantropológica (que puede ser o no compar-tida), la referencia a los cabellos rubios y a los ojos azules se produce en los poemas cuando los protago-nistas humanos superan la línea de sombra que los separa de convertirse en «héroes».

Justo como ahora, en el momento en el que Me-dea y Jasón están a punto de enamorarse.

La muchacha, mientras tanto, lo esperaba cantando a coro con las sirvientas que estaban a su lado, pero se le olvidaban las canciones, enseguida se perdía y se in-terrumpía.

Su corazón parecía a punto de enloquecer cada vez que confundía el susurro del viento con los pasos de un hombre.

De repente llegó Jasón o, mejor dicho: «Se apareció ante sus ojos llenos de ansiedad».

Las amigas se alejaron y Medea se quedó sola, mientras la vista se le nublaba, las mejillas se le ponían del color del fuego y las rodillas se le doblaban, aunque los pies permanecían como clavados en el suelo, sin poder moverse o dar un paso.

Medea y Jasón estaban ya a pocos centímetros uno de otro, solos.

Delicada y llena de fuerza a un tiempo es la metáfora que Apolonio de Rodas supo encontrar para expresar el irrepetible, desconcertante, sublime instante en el que, mudos, «estamos a punto de»: a punto de hablar por primera vez, a punto de enamorarnos para siempre.

Un καιρός cristalino.

Mudos y en silencio, se quedaron los dos frente a frente,
semejantes a encinas o a elevados abetos
que hunden sus raíces en el monte, unas veces inmóviles
cuando el aire está en calma, pero luego, agitados por las ráfagas
del viento resuenan con un estruendo inmenso. De ese modo estaban
los dos a punto de ponerse a hablar ardientemente movidos por los soplos del amor.

Fue Jasón el primero en romper el silencio.

Y en decir a Medea que no tuviera miedo de lo que estaba pasándole.

Llegaba ante ella, humilde viajero proveniente de tierras extrañas, ya sin patria y con un solo pueblo, la lejana Grecia, por haber aceptado su destino, y decidido a superar ahora una terrible prueba.

Necesitaba su ayuda, a ella, declaró el héroe sin empacho, como Teseo, «que ya en cierta ocasión logró superar unas pruebas durísimas gracias al amor de Ariadna»: solo mediante la ayuda de aquella joven consiguió el héroe huir del laberinto. Ariadna había decidido después huir con Teseo como esposa, para abandonar para siempre Creta y a su familia; en recuerdo de su valor, resplandece desde entonces en el cielo una constelación que lleva su nombre y que brilla cada noche, la Corona Boreal o Corona de Ariadna.

Medea clavó sus ojos en los de Jasón, sin saber con qué palabras empezar a hablar; quería poder decírselo todo en un único momento.

Prefirió entonces no decirle nada y actuar; sacó de la banda que ceñía su seno la valiosa pócima mágica y la puso entre sus manos.

Incluso el alma, tras arrancársela del pecho, le había entregado, pensaba Medea, si se la hubiera pedido.

> […] El calor que quemaba por dentro sus entrañas
> la hacía derretirse, como sobre las rosas se derrite el
>   rocío
> por el calor de los rayos de la aurora.

La ternura, la posibilidad de mostrarnos delicados, frágiles, suaves como el terciopelo, ligeros, tenues

—como la palabra latina de la que deriva, *tener*—, frente a otra persona.

«Joven», también eso significa ser tierno, no en el sentido infantil de nuestra época, sino en el de ser capaces de sentir un estupor auténticamente joven ante todo lo nuevo que la vida nos ofrece, prodigio que no conoce ni registros, ni estaciones.

Deponer todas nuestras armas y nuestras armaduras, no tener ya que demostrar nada, no fingir ser diferentes de lo que somos. Valiosos por nuestra desnuda fragilidad, niños recién llegados al mundo, neonatos, renacidos al amor, confiados en que alguien se ocupe de nuestra pequeñez sin herirnos y sin juzgarnos.

Y de la misma raíz indoeuropea *ten-* de *tener* deriva el breve vocabulario de la ternura.

Del latín *tendeo* nace su dimensión temporal, el hecho de saber conceder todo el tiempo que el amor requiere en nuestro verbo «atender».*

Del griego τείνω (*teínō*), del latín *teneo*, procede, en cambio, su dimensión espacial, porque el amor no es nunca posesión, impedimento, lazo, sino tensión, movimiento hacia otro que no somos nosotros; esto es, «extender», «tender», «pretender».

Los antiguos sabían que el amor exige fuerza para elegirlo, pero ternura para vivirlo.

---

* Mantenemos la traducción literal del original, pues, aunque los dos verbos sean etimológicamente idénticos, en italiano *attendere* no significa lo mismo que el español «atender» en su sentido primario («prestar atención, cuidar»), sino «esperar, aguardar» (sentido que también recoge el DRAE entre las acepciones de «atender»). *(N. de los T.)*

Ser amados primero por nuestras flaquezas, que después se convierten en caricias, que al final saben transformarse en suavidad.

En 1678 el anatomista florentino Stefano Lorenzini descubrió que el hocico de la criatura más temible que habita los mares, el tiburón, está recubierto de una miríada de pequeños órganos sensoriales, denominados desde entonces «ampollas de Lorenzini».

Gracias a la densa red de receptores, los escualos son capaces de detectar en el agua la más mínima variación del campo electromagnético: la energía de la corriente, los cambios de temperatura, el crujido de una anémona, el latido del corazón de una presa que se esconde en la arena.

Y, por tanto, el terror de los seres humanos, que, desde los tiempos más remotos, tienen un gran miedo a los tiburones, mezclado con una dosis similar de fascinación hacia ellos, y que, en su honor, han inventado leyendas, fábulas y muchísimas pesadillas.

Sin embargo, esa brújula sensorial de los escualos tiene un punto débil no previsto por la naturaleza animal: la ternura humana. Una caricia en el hocico de un tiburón desactiva todas las ampollas de Lorenzini con un solo gesto y conduce al animal a un estado de confiado abandono, de dócil catalepsia, hasta el punto de que este se deja llevar por la mano del ser humano por el agua como si fuera un muñeco.

Todavía no está claro el motivo científico de este fenómeno de la catalepsia, conocido sobre todo por los submarinistas: «debajo» del agua y de la superficie de las cosas.

Aun así, parece que las hembras son más sensibles que los machos.

La ternura es capaz, pues, de domar a una criatura inmensa, solitaria y salvaje como el tiburón.

Hoy vivimos como tiburones, mitos y leyendas circulan sobre nosotros, *online* y *offline*, con las fotografías de amores que ya acabaron a disposición de todo el mundo; los enemigos no necesitan sensores con los que atinar, sino un buen motor de búsqueda para saberlo todo de nosotros y detectar nuestro punto débil.

Pero ¿cuán desesperadamente deseamos una caricia, una sonrisa agradable, un auténtico «buenos días» por parte de un desconocido, un «gracias» por un gesto que realizamos a diario y del que nadie parecía haberse dado cuenta nunca hasta entonces?

¿Cuánta ternura necesitamos para vivir tenues, ligeros?

Dos mil años después de los versos que contaban la dulzura de Medea, Antoine de Saint-Exupéry escribió estas palabras a su amigo Léon Werth, al que dedicó *El principito*:

> A ti puedo venir sin tener que ponerme máscaras, ni actuar, sin tener que vender hasta la parte más pequeña de mi mundo interior.
> Contigo no tengo que justificarme, no tengo que defenderme, no tengo que demostrar nada.
> Te estoy agradecido porque me aceptas tal como soy.
> ¿Qué hacer de un amigo que me juzga?
> Si invito a un cojo a mi mesa, le ruego que tome asiento, no le pido desde luego que se ponga a bailar.

En estos tiempos en los que estamos sometidos a la tiranía del rendimiento, de los tribunales de la perfección, de los sentimientos ostentados y de los juicios obligatorios, ¿cuántas cosas vendemos a diario de lo que es nuestro sentir?

¿Cuántas profundas tristezas escondemos y cuántas falsas alegrías desplegamos sonriendo de dientes afuera en una fotografía, con la seguridad de que, a pesar de todo, existe una pócima mágica digital capaz de eliminar toda nuestra melancolía de las imágenes?

Y tú ¿cuántas veces has pedido a quien era débil que no te molestara con el triste espectáculo de su melancolía y cuántas veces, en cambio, has intentado mostrarte cojo y te han pedido que improvisaras e hicieras de bailarín de claqué?

> Unas veces fijaban ambos los ojos en tierra,
> como si se avergonzaran, y otras en cambio se lanzaban miradas
> bajo las cejas iluminadas por una dulce sonrisa de deseo.

Fue Medea la primera en volver a ser dueña de sí misma y la que muy dispuesta ofreció a Jasón toda su ayuda. Le explicó con cuidado y minuciosidad todo lo que tendría que hacer para superar la terrible prueba que le había impuesto su padre, Eetes.

A la hora que divide la noche en dos partes iguales, el muchacho tendría que bañarse en la corriente del río y, después, ofrecer un sacrificio a la diosa Hécate, que consistiría en libar miel purísima de abeja y en encender una hoguera a sus espaldas. Sin volver ni un instante la vista atrás, Jasón debía abandonar aquel lugar sagrado, pues una sola mirada habría bastado para perderlo todo. Al amanecer, el héroe tendría que ungirse por completo con la pócima mágica que Medea acababa de entregarle y que haría invulnerables al fuego su cuerpo y su armadura. Aún más: cuando de los dientes del dragón brotaran de la tierra como espigas los gigantes, Jasón debía lanzarles una pesada piedra. Ellos se enzarzarían como perros rabiosos en una mortífera pelea con el fin de apoderarse de ella y, de ese modo, quedaría superada la prueba y el héroe saldría incólume. Al final, lo esperaría el vellocino de oro para que pudiera llevárselo a la Hélade.

Una vez pronunciadas las palabras exactas, la muchacha bajó los ojos. Lloraba en silencio, las lágrimas corrían por sus mejillas y luego caían al suelo como esas gotas de fina lluvia de comienzos de otoño.

Gracias a la ayuda de Medea, Jasón se marcharía muy lejos de ella y vagaría por el mar. Entonces —«el pudor ya había abandonado sus ojos»— la joven lo agarró de la mano y le suplicó que no olvidara nunca, ni siquiera cuando estuviera de regreso en casa, el nombre de Medea.

Su llanto conmovía al muchacho y lo atraía todavía más hacia ella. Ese es el «tender hacia el otro» que genera la ternura.

Jasón prometió que nunca la olvidaría, ni una sola hora del día o de la noche, ni siquiera cuando volviera a su ciudad griega de Yolco, donde se desconoce hasta el nombre de la Cólquide.

Y Medea, llena de dolor, con los ojos azules que resplandecían como los de un lobo dispuesto a morder, como cualquier mujer que ama a un hombre y tiene miedo de perderlo, respondió en tono cortante a las promesas de Jasón:

[…] Yo de ti, aun a pesar de mis padres,
me acordaré. Mas que me llegue una voz desde allá lejos
o algún ave mensajera cuando de mí te olvides.
Y que las tempestades me arrebaten y en sus torbelli-
nos
me lleven volando sobre el mar desde aquí hasta Yolco.
Apareceré ante ti para mirarte a los ojos
y recordarte que te salvaste por mi voluntad.

Esta era la mujer en la que Medea se estaba convir-
tiendo gracias al amor. Una mujer que no se contenta
con promesas, ni con recuerdos, sino que reclama
respeto, fidelidad, acción.

Tal es la fuerza que sabe dar el hecho de estar enamorado; una felicidad que no tiene nada que ver con
la contemplación, con la tranquilidad, con la paz.

Hay que usar esa felicidad, extraerle el jugo, para
crecer, para exigir, pedir, para sacar de nosotros cosas
que están en nuestro interior y que a menudo no tienen nada que ver con el amor, pero que ocurren gracias al amor.

A Jasón le tocó, por tanto, escoger y, después, repli-
car. Y fue entonces cuando propuso a Medea que lo
siguiera a Grecia, donde todos, hombres y mujeres,
le habrían rendido honores como a una diosa.

Y el muchacho, ya todo un hombre, propuso en
particular lo siguiente a su mujer:

Querida, deja errar las vanas tempestades,
y también al ave mensajera.
[…]

Compartirás conmigo el lecho nupcial como esposa
legítima, y nada nos separará si perseveramos en nuestro amor
hasta que la muerte fijada por el destino nos cubra con
su velo.

Ὣς φάτο (*hōs pháto*), «así dijo».

En el texto de las *Argonáuticas* viene a continuación un punto y aparte.

Era una fórmula homérica; el poeta no tenía nada
más que añadir.

Jasón y Medea se habían convertido en amantes,
en cómplices, en aliados, en pareja.

Con esa alegría que sientes cuando te enamoras y
que todo lo arrolla sin que sepas por qué.

Y su alma volaba hacia lo alto por encima de las nubes.

LÉXICO FAMILIAR ANTIGUO

*En los mares del Sur se pueden divisar las aves tro-
picales incluso a setecientas millas de la costa.*

*Al atardecer regresan a toda velocidad a tierra, a
su nido. Es aconsejable orientar vuestra ruta siguiendo su vuelo, su plumaje rojo y amarillo, y no
olvidéis nunca admirar su belleza.*

En su diálogo *Crátilo*, Platón decía que «quien conoce el nombre, conoce las cosas».

«Conocer» es un verbo complejo, difícil, pero pro-
lífico. Según el diccionario, significa «tener noticia de
una cosa, saber que existe y qué es».*

Conocer se conjuga como «nacer».

Gracias a nuestras palabras venimos al mundo, somos reales.

Y los demás tienen noticia de nosotros; nos reconocen, nacemos.

Conociendo, pues, las raíces de las palabras que
están en la base de las relaciones humanas logramos hacer que renazca un mundo en el que el tiempo de la existencia se fundamentaba en el hecho de
ser hombres y mujeres o niños y niñas, sin término

---

* Esta es una de las definiciones de *conoscere* según el *Vocabolario
Treccani*. En otros diccionarios de italiano se dan definiciones
distintas. Debe tenerse en cuenta que en Italia no existe una
Real Academia encargada de publicar un diccionario autoriza-
do de la lengua. *(N. de los T.)*

medio. Padres sólidos o hijos necesitados de cuidados.

Un léxico familiar indoeuropeo en el que ni siquiera se contemplaba la condición de muchacho como sinónimo de «inmaduro», la línea divisoria entre la infancia y la edad adulta debía ser puesta a prueba por la vida. Y en el que la juventud y la vejez no eran categorías relacionadas con la edad, sino actitudes del ánimo y de la mente.

«Madre»: del indoeuropeo *mater*, palabra formada a partir de la raíz elemental típicamente infantil *ma-* y del sufijo de parentesco *-ter*.

En griego, μήτηρ (*mḗtēr*), en latín, *mater*, en sánscrito, *mātar*, en armenio, *mayr*, en ruso, *mat*, en alemán, *Mutter*, en inglés, *mother*, en francés, *mère*, en español e italiano, *madre*, en portugués, *mãe*, en irlandés *máthair*, en bosnio, *majka*.

«Padre»: del indoeuropeo *pater*, formada a partir de la raíz elemental propia de la infancia *pa-* y del sufijo de parentesco *-ter*. En griego πατήρ (*patḗr*), en latín, *pater*, en sánscrito, *pitar*, en persa antiguo, *pita*, en español e italiano, *padre*, en francés, *père*, en alemán, *Vater*, en inglés, *father*.

Términos tan antiguos, primordiales, definitivos en su capacidad de dar nombre a las relaciones humanas que han llegado a vencer la historia de las lenguas y la geografía de los pueblos, para ser, siempre y para siempre, las primeras palabras pronunciadas por los seres humanos, las primeras en ser conocidas apenas después de nacer. Palabras sólidas, como una casa de ladrillos, como una montaña.

Son nuestros padres y nuestras madres los primeros que nos enseñan a dar nombre a las cosas. Nadie podrá impedir nunca a un niño articular *ma-* o *pa-*. Y ya no podremos olvidarlos nunca.

Estudios sobre los enfermos de Alzheimer, o de demencia senil, que han hablado durante toda la vida una segunda lengua distinta de la de su país de origen demuestran que los que padecen este mal vuelven a hablar en su primera lengua. La «lengua materna».

«Hombre», en cuanto ser humano, nos llega del latín *homo*, que viene de la misma raíz indoeuropea de *humus*, «tierra», fruto de una primordial contraposición entre las criaturas mortales y los dioses del cielo. En francés, ha pasado a *homme*, en italiano, a *uomo*; pero esta raíz desaparece en las lenguas germánicas, en las que tenemos *man*, en inglés, o, en alemán, *Mann*. De etimología controvertida es, en cambio, el griego ἄνθρωπος (*ánthrōpos*), vocablo relacionado, según algunos, con las palabras ἄνω (*ánō*), «arriba», ἀθρέω (*athréō*), «mirar», y ὤψ (*ōps*), «ojo», en una delicadísima combinación para indicar la pequeñez de los hombres, obligados a levantar los ojos al cielo desde la tierra, frente a la inmensidad de lo divino.

Según otros, estaría relacionado con el término ἀνήρ (*anḗr*), «varón», «marido», correspondiente al latín *vir*; en ambos casos, la condición de hombre adulto está vinculada con el concepto de fuerza (*vis*, en latín), energía, ardor y superación de la infancia por medio de pruebas de valor (en griego ἀνδρεία, *andreía*).

Universal es, pues, la condición del ser humano y, por tanto, humilde, ligado a esta tierra en la que tiene los pies bien plantados hasta el día de su muerte, tan minúsculo en su posición de tender al cielo y tan fuerte y, por tanto, heroico en su propensión a hacerse grande. Se exige, en cambio, una prueba para ser adultos, no ya hijos de nuestros padres, sino hombres y mujeres que, una vez abandonados los hábitos infantiles, se han aceptado a sí mismos al medir su fuerza personal, su tenacidad y su coraje.

«Hijo» deriva del latín *filius*, «lactante», «mamón», emparentado con la raíz *fe-*, «chupar», «mamar», término afectivo e infantil propio del indoeuropeo *-dhe, «amamantar», que encontramos hoy en algunas lenguas germánicas, como en el inglés *daughter*, «hija», o en el bosnio *dijete*, «niño».

Cuanto más nos alejamos de la esencia, de la universalidad de las raíces indoeuropeas y, por tanto, originarias, más se complica todo, más distintas se vuelven las palabras entre las lenguas romances y las germánicas.

Extraña a nuestra lengua hasta el XIV d. C. era la idea de «chico», «chica», en cuanto adolescente todavía no preparado. La correspondiente palabra italiana, *ragazzo*, *ragazza*, como nuestro término ya casi en desuso «rapaz», «rapaza», es un préstamo extranjero que data de la Edad Media tardía y que deriva del árabe *raqqas*, «correo», «muchacho que lleva cartas», «galopín», término de origen magrebí, difundido en Italia quizá a partir de Sicilia, por medio de los habituales intercambios portuarios que tenían lugar en el Mediterráneo.

Una condición degradante en esa acepción de «mozo de cuerda», «galopín», «muchachito inexperto», al modo en que son tratados hoy en el mundo del trabajo muchos treintañeros, y hasta cuarentones y cincuentones, que, en cambio, reclaman, en el mundo de los afectos, la condición de eternos «lactantes» protegidos por sus padres.

«Joven» es una palabra purísima y de gran fuerza, no vinculada con ningún concepto de edad, como tampoco lo está la vejez. Desciende de una raíz indoeuropea *yeun-, de la que deriva el sánscrito *yuva*, el avéstico *yavan-*, el francés *jeune*, el inglés *young*, el latín *iuvenis*, el italiano *giovane*, el portugués *jovem*, el rumano *juve*, el ruso *junyj*, el lituano *jáunas*, o el alemán *jung*. Joven es la ternera (en italiano *giovenca*) o el potrillo, que se esfuerzan, tenaces, por mantenerse en equilibrio sobre sus enjutas y temblorosas patas, lo intentan y lo vuelven a intentar, caen estrepitosamente al suelo y, por fin, logran ponerse de pie, ensangrentados y cubiertos de paja; pero dispuestos a andar, a caminar, a emprender el viaje.

La juventud es fuerza, pulsión, flecha ya lanzada que tiende hacia un blanco.

Su opuesto es el concepto de anciano, que, por el contrario, significa estropeado, gastado, demasiado cansado para moverse, para seguir avanzando, como la suela gastada de un par de zapatos que han andado demasiado, con las manos, ya como telarañas, de quien ha seguido en la vida demasiados caminos.

La palabra «viejo» nos viene del latín *vetulus*, diminutivo de *vetus*, con el significado de «usado», «agotado», «vetusto», independientemente de la edad que figure en su documento de identidad. En francés se dice *vieil*, en italiano, *vecchio*, en portugués, *velho*, en rumano, *vechi*.

La vejez, por tanto, es actitud, no edad; significa pararse, significa rendición. La cuerda del arco se ha aflojado, ya no hay ninguna flecha que lanzar.

Por último, el amor no es una promesa que se pueda hacer y, después, dejar para más tarde; ese es el

significado de «esposo», de «compañero de vida».
«Esposo» y «esposa» derivan del latín *sponsum* y *spon-sam*, a partir del participio pasado del verbo *spondeo*,
que significa «prometer», que se corresponde con el
griego σπένδω (*spéndō*). En francés se dice *époux* y
épouse, en italiano, *sposo* y *sposa*, y, en portugués, como
en español, «esposo», «esposa».

El significado originario de la palabra residía en la
indisoluble promesa de amor, que se celebraba mediante una libación.

En las lenguas romances el sentido de esa promesa se ha deslizado hacia el futuro, hacia el rito que
todavía debe tener lugar, en las palabras «novio» y
«novia», como ese Renzo y esa Lucia inmortalizados
por Alessandro Manzoni, que hicieron todo lo habi-
do y por haber para realizar esa promesa de amor que
reside en la definición de «novios».*

La misma promesa que Medea exige de inmediato a Jasón, no aplazada a todas las próximas veces o a
las infinitas otras ocasiones con las que nos llenamos
continuamente la boca.

Un amor que haga de un hombre no ya el hijo de
sus progenitores, sino el padre de sus hijos, es lo que
Medea, como cualquier mujer, reclama.

«Mamá»: de la raíz indoeuropea **ma-*, voz universal
del cariño, que tiene como base la secuencia elemental *ma-ma*. Palabra de niños que posee una corres-
pondencia idéntica en todas las lenguas indoeuro-

---

*   Se parafrasea aquí el título de la obra maestra de Manzoni *Los
novios*, en italiano *I promessi sposi*. (*N. de los T.*)

peas, palabra de cariño que se extiende más allá de las fronteras en infinitas y muy diferentes lenguas del mundo.

He aprendido que la memoria a menudo está llena de subrayados, pero que un día los vacíos llegan a ponerse solos de manifiesto.

Hacía tiempo que había olvidado el sonido de la palabra «mamá».

Ya no sabía decirla porque hacía más de diez años que no la pronunciaba en voz alta; había dejado incluso de tenerla en la mente.

Stabat mater: «Estaba de pie la madre» junto al hijo, reza una secuencia religiosa del siglo XIII atribuida a Jacopone da Todi, que después se hizo universal para indicar la presencia de la madre junto al hijo que sufre.

En otro tiempo, junto a mí, la hija, tenía a mamá, a mi madre.

Cumplíamos años el mismo día, ella y yo; niña prematura, fui su regalo de cumpleaños. Cuando yo era pequeña, hacíamos una doble fiesta para las «mujeres de la casa», como nos llamaba mi padre.

Desde que murió, cada vez que llega mi cumpleaños siento que lo han partido por la mitad. Y, entonces, ya no sé exactamente cuántos años cumplo.

Cada mes de enero me acerco más a la edad que ella tenía cuando se nos fue. Mientras tanto, como la tortuguita de la paradoja de Zenón, me alejo cada vez más de aquella muchachita perdida, delgadísima, sola, que era yo entre cuarto y quinto curso de bachillerato, cuando ella murió de un cáncer raro y rápido como un verano; se puso mala en junio y se fue el primer día de clase, en septiembre.

Durante años no se lo dije a nadie, por una elección estratégica propia. El silencio me regalaba el alivio de las palabras vacías de los demás: «Lo siento, pobrecilla, tan pequeña». Descubrí un nuevo espacio dentro de mí, un dolor que antes no conocía y que ahora podía explorar, sin que me viera, ni me oyera, nadie. Huérfana.

Todavía hoy día me resulta dificilísimo, casi imposible, llorar; lo hago muy raramente y, casi siempre, a solas.

Únicamente mi nueva ciudad, Sarajevo, herida como yo y más que yo, alguna vez sale airosa en la empresa de ver mis lágrimas.

Me pregunto si viviría aquí de todas formas si no hubiera edificios agujereados por doquier y a ambos lados de la calzada infinitos cementerios. «Mis muertos», los llamo yo y los saludo con la mano cuando vuelvo a casa después de mis mañanas de escritura en los cafés de la ciudad.

Al saludarlos es a mamá a quien saludo.

Parece imposible reconocerlo ahora, como todos los reconocimientos de ese imperfecto *present perfect* que somos, pero hubo un largo periodo en el que casi dejé de hablar. Mi mundo tenía la medida del «todo va bien», la única frase de la que se componía mi vocabulario de muchacha.

A los diecisiete años comprendí de inmediato el valor que los antiguos atribuían a las palabras; y empecé a respetarlas con una empecinada abnegación, aprendí a decir poco y a callarlo casi todo.

Tras acabar el instituto, me trasladé a Milán, me matriculé en la universidad, y comencé una nueva vida, la que yo llamo la segunda.

Durante años, a las personas que he conocido, a mis nuevos amigos, a mis novios, no les he dicho nada acerca de la muerte de mi madre. Por lo demás, casi nadie ha hecho demasiadas peguntas.

Luego, con la aparición de mi primer libro, ha empezado la tercera vida. La de lo dicho, la de las palabras que obstinadamente busco para hacerlo todo real, sobre todo la muerte.

Recuerdo el instante exacto en el que dio comienzo.

Presentaba el libro en un instituto de Ostuni cuando, tras la pregunta de rigor («¿Alguna pregunta?»), un chico de dieciséis años me interpeló, con la naturalidad del que cree que, por haber escrito un libro sobre la gramática griega, estoy obligada a conocer hasta los más mínimos pormenores del mundo: «¿Por qué en griego "ser humano" se dice también βροτός (*brotós*), esto es, "destinado a la muerte"?».

«Porque la muerte forma parte de la vida», contesté, casi sin pensar. Y descubrí desconcertada que ya conocía la respuesta, aunque no la había leído en ningún libro, manual o tratado. La había vivido.

Ese día, pues, volví a tomar la palabra y dije la primera que había pronunciado en mi vida, como todas las mujeres y todos los hombres que han venido y que vendrán al mundo. Mejor dicho, volvieron a dármela ellos, los chicos.

Delante de ellos empecé a contar cosas. Y comencé a decir de nuevo «madre». La mía, que se fue hace tanto tiempo y a la que me parezco tanto, la que me enseñó mis primeras palabras.

Los antiguos creían que había una coincidencia perfecta entre significante y significado, entre nombre y realidad, gracias al poder que se tiene de nombrarla, gracias a la fuerza de la existencia de una palabra para expresarla.

El adjetivo griego ἔτυμος (*étymos*) significa «verdadero», «real», y de él deriva la palabra «etimología», acuñada por los filósofos estoicos para definir la práctica de conocer el mundo por medio del origen de las palabras que usamos.

Me enamoré de este arte tan extraño en el instituto y no lo he abandonado nunca, para entender, para expresar lo que me rodea, a pesar de los chistes de mis amigos, porque todo lo que digo casi siempre empieza por «del griego...» o bien: «Me parece que en latín se decía...».

Muchos siglos después, al hacer suya una idea de Justiniano, Dante dirá en su *Vita nova*: *nomina sunt consequentia rerum*, esto es, «los nombres son consecuencia de las cosas», o sea, las palabras, literalmente, siguen a las cosas, están encima de ellas, se adhieren a lo real y le permiten existir.

Y revelarse como lo que es; o desvelar lo que no es.

Y también tenía validez lo contrario, por supuesto: si una cosa no tenía nombre, o no se pronunciaba, entonces, de hecho, no existía. No decirla no significa que una cosa no sea real, sino que, sin nombre y sin palabras, no está aquí y ahora, en este lugar y en este momento, entre nosotros. No la tenemos al lado. Por supuesto, todo lo que no se llega a decir ha existido, pero se ha perdido. Se ha convertido en polvo.

El verano pasado leí en *The New York Times* un artículo que despertó en mí una inquietud tan grande que me empujó a investigar más a fondo, en mí y en las personas que tengo a mi alrededor.

El periodista, Alex Williams, contaba que estos años diez del siglo XXI en los que vivimos son la época de la ansiedad. «United States of Xanax», así llamaba a Estados Unidos, al parafrasear el nombre del ansiolítico más famoso, cuyo porcentaje de difusión entre la población, niños incluidos, alcanza las dos cifras, y cuyo precio en una farmacia es un poco más alto que el de un helado y un poco más bajo que el de una comida en McDonald's.

La depresión, esa enfermedad del alma que hasta los años veinte del siglo pasado se consideraba incurable, como inconsolable era su nombre, «melancolía», hoy ya no está de moda, decía *The New York Times*. Se acabaron los años del desconcierto ante el precipicio cantado por Nirvana y que llevó al suicidio a Kurt Cobain. Estos tiempos nuestros son los de la angustia que desvalija el valor de nuestras vidas, de la ansiedad que nos obliga a dispersarnos, a empeñarnos en no perder tiempo mientras nos perdemos a nosotros mismos.

El autor citaba el caso de Sarah, una mujer de Brooklyn de treinta y siete años, responsable de medios sociales, que, tras informar a una amiga de Oregón de que iba a ir a visitarla durante el fin de semana, se había sentido sobrepasada por la preocupación. Lo cierto es que la amiga no había respondido a su correo electrónico y Sarah, al cabo de unas pocas horas, había pensado: «Vale, ya está, no quiere saber nada de mí. Ya no es amiga mía. Debo de haberla ofendido de mala manera, aunque no sé cómo».

¿Cuántas veces no hemos temido haber hecho daño a alguna persona querida sin saber exactamente cómo? ¿Era solo una auténtica preocupación hacia la otra persona o un incómodo sentimiento de culpa? ¿Cuántas veces no nos hemos quedado sin aliento, como si estuviéramos corriendo, cuando, en realidad, estamos quietos?

A la espera de la respuesta, que tardaba en llegar y que, en su mente, presagiaba lo peor, Sarah contó en Twitter cómo se sentía por medio del *hashtag* *#ThisIsWhatAnxiety-FeelsLike*. O sea, así es como nos sentimos al vivir con ansiedad.

Al cabo de pocas horas, más de dieciséis mil personas de todo el mundo habían seguido su ejemplo y berreaban lo que para ellas significaba vivir en un estado de perpetua ansiedad, prisioneras de un magma de emociones borrosas nunca expresadas.

Al final del día, Sarah había recibido respuesta de la amiga que se encontraba lejos: simplemente se hallaba fuera de casa y no había leído su correo electrónico. Habría estado encantada de que viniera a verla, pues la esperaba desde hacía muchísimo tiempo.

A los periodistas, llenos de curiosidad por aquel fenómeno viral, Sarah les había comunicado después: «Si eres un ser humano que vive en 2017 y no estás angustiado, quizá haya en ti algo que no funciona».

¿De verdad es así? ¿De verdad debemos rendirnos a la sensación generalizada de angustia y, por consiguiente, no contemplar la posibilidad de que la amistad se mida por la presencia y no por el índice de respuestas, ni por la rapidez en contestar? ¿No tenemos, pues, más remedio que vivir las relaciones con el espíritu de encargados de un eficientísimo servicio al cliente? ¿Debemos ajustarnos a un mismo y único modelo de dolor?

¿De verdad constituye una afrenta personal el hecho de que una persona querida se conceda medio día para vivir su vida y que la consecuencia lógica sea que nos ha abandonado?

¿De verdad, si hoy no somos presa de la ansiedad, somos nosotros los que estamos equivocados, los que estamos fuera del tiempo, los «antiguos»?

Creo que hay algo profundamente malsano en el hecho de considerar la angustia parte integrante, indispensable, de nuestra vida y de la contemporaneidad.

Resulta difícil de admitir, sobre todo cuando no lo somos, sino que venimos al mundo solo por un motivo: para intentar ser felices.

Y para hacer felices a los demás.

Si hoy renunciamos a la facultad de la palabra, no nos queda más que reconstruir el pensamiento mediante los indicios.

¿De verdad Sarah sufría un trastorno de ansiedad, una enfermedad seria que requiere tratamientos apropiados, o quizá, como luego ella ha admitido, simplemente se sentía culpable porque, siempre ocupada en exceso con el trabajo, no había estado cerca de su amiga durante meses y ahora se avergonzaba de dar señales de vida de repente y no encontraba las palabras apropiadas?

¿Era angustia o más bien el resultado de una ausencia, de una carencia?

¿Quizá Sarah tuviera miedo de su gesto, de dar señales de vida, porque se habría visto obligada a volver a vivir?

Quien haya sabido reconocer a aquella chiquilla, a la Andrea que he sido, sabe que hubo un tiempo en el que en mi muñeca podía leerse: «Sin palabras». Era la frase que me tatué cuando perdí a mi madre, cuando no hablaba con nadie y me teñía el pelo de negro para no ver en el espejo a aquella muchachita que se hacía mujer pareciéndose como dos gotas de agua a la madre que ya no tenía.

Fue mi primer tatuaje, como un aviso indeleble en la muñeca cada vez que alguien me tendía la mano para ayudarme: «No sé qué decir, no quiero hablar».

«Sin palabras» es ahora la frase que más odio del mundo, porque después, mucho tiempo después, entendí que palabras que decir haberlas, haylas, y tenemos que esforzarnos en encontrarlas, siempre.

Como señalaba Platón, las palabras tienen el poder de crear, de conformar la realidad; palabras reales, que tienen efectos igual de reales sobre nuestro presente.

La ausencia de palabras es, por consiguiente, ausencia de realidad, como nos revela la historia de Sarah y su dificultad para dar señales de vida al hablar de sí misma; y de su ansiedad, porque sin palabras solo hay inquietud.

Ese tatuaje me lo tapé después en Sarajevo, pocos días antes de que saliera mi primer libro: había encontrado, por fin, las palabras. Y, cuando la gente sonríe al ver la mancha de tinta negra que me rodea la muñeca como una pulsera, yo también sonrío.

Después, al viajar, he aprendido que no importa la actuación de uno mismo que pongamos en escena, siempre habrá un detalle —un gesto inseguro, una risa forzada, una duda, un desequilibrio— que revele el desfase entre lo que hacemos y lo que en verdad querríamos hacer.

No somos una película, en la vida no existe la posibilidad de la posproducción y los efectos especiales se desinflan enseguida.

Somos teatro, una perenne ópera prima, tragedia o comedia de nosotros mismos siempre, como cuando caía el atardecer sobre Siracusa o Taormina y los actores entraban en escena para dar comienzo al espectáculo.

Hoy vivimos todos atrapados en una situación muy rara, sí, pero capaz de ser muy cruel.

Tenemos a nuestra disposición el repertorio más desmesurado de medios de comunicación de la historia del ser humano y, sin embargo, no sabemos ya qué comunicar.

O cómo, con qué palabras hacerlo.

Y, sobre todo, a quién.

Nunca nos hemos sentido tan solos.

Estamos volviéndonos todos tan endiabladamente sintéticos que hablar de nosotros nos cansa. Tendemos a decir solo lo necesario, a esconder las cosas, a ser siempre fáciles y nunca complicados; tal es el miedo a que se nos entienda mal; o, al revés, a ser comprendidos y desenmascarados.

El acto humano de hablar se ha convertido en un constante *pitch*, la práctica adoptada por el mundo de los negocios anglosajón en la que los candidatos tienen a su disposición dos minutos, o poco más, para exponer a un público seleccionado la idea por la cual estarían dispuestos a apostar todo lo que tienen.

Y a los resultados que conseguimos ya no los llamamos «éxitos» o «fracasos», ya no hablamos de «alegría» o de «dolor», nuestro sentimiento se denomina hoy *performance*.

Mientras tanto, las imágenes que aparecen en los periódicos son cada vez más grandes y las palabras, cada vez más escasas. Si no transformamos un concepto en una representación gráfica, en un resumen, en una diapositiva, en un *abstract*, tememos que no haya quien tenga la paciencia suficiente de escucharnos.

Consideramos la atención un privilegio, nos resulta tan difícil ser amables con nosotros que nos parece imposible que otros lo sean sin segundas intenciones; confundimos la amabilidad ajena con una estafa.

Hemos malvendido nuestra infinidad de pensamientos por los ciento cuarenta caracteres disponibles para escribir un tuit, sin contar las fotos. Sin embargo, convertidos en modernos epigramáticos, nos hemos revelado incapaces de manejar el arte de Calímaco y de Catulo; lo cierto es que un buen día de otoño de 2017 Twitter, desesperado por la constante pérdida de usuarios, propuso aumentar el límite de los caracteres a doscientos ochenta. Amable concesión de marketing a nuestro fracaso comunicativo.

Enviamos avisos, notificaciones acerca de nosotros, en vez de ideas; señales de humo, como las de los apaches, mejor dicho, como las de Snapchat, destinadas a desvanecerse al cabo de menos de veinticuatro horas.

Nuestras frases tienen la cadencia de la parataxis de uno de tantos chats en los que intentamos desesperadamente hacernos entender a fuerza de emoti conos y de frases inconexas entre sí, separadas como perdigones de goma que rebotan aquí y allá como en una barraca de feria.

Rechazamos las subordinadas, la dificultad de la hipotaxis, escapamos de todo lo que sea ir ὑπό (*hypó*), «debajo de» la superficie, para permanecer παρά (*pará*), «al lado», al borde de la parataxis de las cosas y de las personas que amamos.

Rechazamos conocernos y, mientras tanto, hablamos todos como si fuéramos oráculos. No nos revelamos ya por palabras, sino por indicios.

Mejor dicho, por erratas.

Se trata de una delicada paradoja, que no tiene nada de irónica y que reclamaría amor y no amargas risas.

Cuanto menos hablamos de nosotros, más revelamos acerca de nosotros; solo que lo hacemos de manera sesgada, insegura, desordenada. Y traicionera.

No creo ser la única que ha asistido al triste espectáculo de esa traición. ¿Habré sido quizá la única espectadora de la irrupción de esa carencia a la que me refería más arriba, que, hallándose desprovista de palabras, acaba por hablar a gritos acerca de nosotros por medio de gestos?

Un arranque de ira injustificado en un tren, por un motivo todavía más injustificado: un sitio equivocado, una maleta que falta, un niño que llora, un perro...

Un insulto gratuito en el semáforo, palabras que no pueden volver a repetirse vomitadas por la ventanilla antes de salir corriendo como ladrones.

Una desesperante lentitud a la hora de pedir en el restaurante («Elige tú, no sé, no estoy seguro, quizá sí, o mejor no»), ante un camarero atónito, mientras nos venimos abajo, como si de la elección de una *pizza* dependiera el curso de toda nuestra vida.

En otro tiempo se desencadenaban auténticas revoluciones para obtener la libertad de un amo.

Hoy la palabra «revolución» nos da tanto miedo que preferimos oprimirnos solos. Nuestro silencio, nuestra soledad, se han convertido en nuestros amos.

No osar, no pedir, no reclamar, no cambiar, nunca.

La consecuencia es un estado de ansiedad generalizada que, cuando estalla —porque, tarde o temprano, estalla—, hace que nos avergoncemos de nosotros hasta la médula.

Mientras damos lo peor de nosotros a inocentes desconocidos, querríamos que nos tragara la tierra, borrar de inmediato esa imagen tan real, sin filtros, de nosotros: igual de reales al olvidar por un instante todo filtro humano del dolor.

Y no es por lo que hemos hecho en ese momento, en un vagón de metro en hora punta, cuando una señora mayor nos estorbaba con las bolsas de la compra o en la cola de correos, molestos por haber perdido nuestro turno mientras estábamos ocupados hablando por el móvil o con un *post* de Facebook en el que comentamos lo que no se puede comentar, que, por lo demás, no nos interesa ni lo más mínimo y sobre lo cual no tenemos nada que decir, porque no hay nada que decir.

Si nos avergonzamos, si queremos que nos trague la tierra, es únicamente por todo lo que no hemos hecho, por todo lo que no hemos dicho, mucho antes, a otra persona.

Al permanecer hoy en silencio ante el espectáculo de la vida, «sin llamar ya por su nombre» a nada ni a nadie, no solo no conocemos las cosas, como decía Platón. Acabamos por no conocernos a nosotros.

¿Quiénes somos gracias a nuestras palabras?

EL VELLOCINO DE ORO, TODAS NUESTRAS METAS

Una vez llegados a la meta, echad el ancla y recuperad energías. No intentéis volver a partir de inmediato, por cansancio o por banalidad.

Esperad a que la emoción, la confusión y el miedo del viaje hayan pasado.

Respirad y disfrutad del mar, ya domado, y de vuestro objetivo por fin conseguido.

Al amanecer los argonautas se presentaron en el palacio de Eetes para recibir los dientes del dragón.

El rey los esperaba ya armado, vestido con una firme coraza y tocado con un casco de cuatro penachos, «resplandeciente como los rayos que rodean el disco del Sol cuando sale del Océano». En sus manos blandía el escudo y una terrible pica.

Dio comienzo entonces la prueba de Jasón.

El héroe siguió, confiado, los consejos de Medea.

Untó con el ungüento mágico sus armas y, cuando sus amigos, llenos de curiosidad, intentaron probar sus efectos, la lanza no se dobló ni siquiera un poco; antes bien, se puso aún más rígida.

La misma fuerza se contagió a su cuerpo juvenil: los brazos vibraban llenos de energía y los músculos de las piernas golpeaban con estrépito contra el suelo. Dispuesto a emprender la lucha, Jasón diríase que era como un

[…] relámpago proceloso que en el cielo oscuro
se precipita despidiendo repetidos destellos
entre las nubes que a continuación traerán la negra llu-
    via.

Dos toros totalmente cubiertos de hollín, que exhalaban llamaradas de fuego, salieron de sus establos en
las entrañas de la tierra. Al verlos, los argonautas pa-
lidecieron, pero no Jasón, que, con total lucidez, esperaba su acometida «como los escollos aguardan las
olas del mar».

Agarró a los toros por la punta de los cuernos y los
arrastró hasta el yugo: los animales intentaron primero cocearlo y, luego, bajo el peso de las rodillas de
Jasón, inclinado sobre ellos, cayeron a tierra, sumisos.
Una vez domados, tenían la mirada que suelen tener
los dóciles corderillos.

Jasón los aguijó en los flancos y los animales empezaron a arar el campo arrastrando tras de sí el pe-
sado carro.

Tras ellos la tierra se abría y se deshacía en grandes terrones, mientras los toros avanzaban y clavaban
en el suelo sus pezuñas de bronce y el héroe arrojaba
los dientes del dragón en los surcos abiertos por el
arado.

Cuando el día está a punto de acabar y solo queda
una tercera parte desde que amaneció, y, agotados,
    evocan
los labradores que llegue el momento, para ellos tan
    dulce, de desuncir los bueyes,
a esa hora tenía arada ya el infatigable héroe
la totalidad del campo, pese a que tenía cuatro fanegas.

Los toros fueron liberados del yugo y, temerosos de la fuerza del héroe, corrieron a sumergirse en su reino subterráneo.

Jasón volvió junto a sus compañeros, que lo exhortaban a continuar, y su corazón se llenó de renovadas fuerzas. De ahí viene el valor, no de los músculos.

Mientras tanto, en el campo, brotaban como si fueran espigas los guerreros de bronce, los Hijos de la Tierra. Brillaban a la luz del atardecer como el resplandor de las estrellas en una noche de nieve.

Jasón no olvidó los consejos de Medea y al instante corrió para agarrar una gran piedra redonda, que arrojó entre las terribles criaturas. Los guerreros, como perros rabiosos, se precipitaron en torno a la roca y unos a otros se despedazaron y se mataron.

Con la espada desenvainada, Jasón empezó a segarlos como si fueran espigas de trigo recién cortado; apenas brotaban del suelo, caían heridos, unos de rodillas, otros de bruces, otros de costado, semejantes en su figura a monstruos marinos.

Eetes, estupefacto, asistía impasible a la escena. Morían los gigantes y al final murió el día.

Y Jasón había llevado a cabo la prueba.

Con estas palabras concluye el canto III de las *Argonáuticas*. Y así acabó la infancia de Jasón; se había convertido en adulto.

Hombre.

Héroe.

Medea y Jasón, juntos al fin, se hallaban ahora ante el dragón que custodiaba el vellocino de oro, la meta de su viaje, el punto de no retorno de su unión.

> Como cuando sobre un bosque en llamas giran infini-
>   tos
> ardientes torbellinos chamuscados de humo,
> sucediéndose sin cesar uno tras otro
> formando espirales que se elevan desde el suelo por el
>   aire,
> así entonces retorcía aquel monstruo sus inmensas
> volutas, cubiertas de escamas resecas.

La muchacha se deslizó entre las espirales del monstruo hasta clavar sus ojos en él.

Y este se sumió en un profundo sueño encantado, un descanso que desde tiempo inmemorial le había sido negado.

Jasón siguió horrorizado los pasos de Medea, pero el dragón había relajado sus anillos y yacía tendido cuan largo era, negra ola inerte, con sus fuertes mandíbulas apoyadas en el suelo.

El vellocino de oro resplandecía colgado de una encina; era grande como la piel de un buey de un año, cubierto de rizos de lana suaves al tacto, señala Apolonio.

Muchas son las leyendas que circulan en torno a esta mágica piel desde la Antigüedad. Según algunos autores, el vellocino era una metáfora solar, una nube de lluvia de oro engendrada por el sol que cada día aparecía para dorar los fértiles campos de Grecia y, después, volver a Oriente al anochecer. Según el geógrafo Estrabón, su significado estaría relacionado con el comercio, pues el oro llegaba a Occidente transportado por animales.

En mi opinión, la más hermosa de esas leyendas hace referencia a los buscadores de oro en Asia, que, en vez de cribar los cursos de agua, habrían conducido por los arroyos a sus ovejas con gran delicadeza. Y, al atardecer, su pelo rizado y suave se iluminaría con el polvo de las pepitas de oro.

Jasón y Medea intercambiaron un gesto y fue entonces cuando el muchacho se atrevió a coger el vellocino de oro entre sus manos.

El reflejo de la lana dorada hizo que se extendiera por sus cabellos rubios y por su frente un rubor semejante a la luz del crepúsculo.

El oro lanzaba por doquier a lo largo del camino destellos de estrellas y resplandecía como el rayo de Zeus.

En cuanto los argonautas vieron lo maravilloso que era el vellocino de oro, acudieron a tocarlo y a acariciarlo con sus manos, seducidos por su hermosura, como todos los que, habiendo nacido en aquellos tiempos antiquísimos, solo habían oído contar mitos y leyendas acerca de aquella mágica piel.

Sin embargo, Jasón los mantuvo a raya, decidido a levar anclas lo antes posible.

Cubrió el vellocino con un tejido de poco valor y dijo a sus compañeros:

Ahora, amigos, no vaciléis más en volver a la patria.
Pues la necesidad por la que esta dolorosa
navegación hemos soportado padeciendo fatigas,

ya se ha cumplido gracias al favor y los consejos de esta joven.
Si así lo ella quiere, yo la conduciré a mi palacio como
esposa
legítima; pero vosotros cual noble salvadora
de toda Grecia y de todos vosotros
deberéis protegerla.

Los argonautas soltaron amarras y la nave *Argo* em-
prendió el viaje de regreso.
Medea estaba en la popa, abrazada a Jasón.
Y contemplaba por primera vez el mar abierto.

LA PARADOJA DE LA SOLEDAD

¿Qué decir del hombre que ha sobrepasado la línea de protección sin ni siquiera darse cuenta y ha muerto en el mar helado? «Ha buscado una vía de escape», podríais apuntar, «ha intentado escapar de una situación intolerable como un naufragio»; o: «Ya no podía más». Por supuesto; pero eso son solo explicaciones triviales, vacías, refutadas por miles de ejemplos.

Por el contrario, ese hombre se extravió a causa de la soledad. Por haber desahogado su deseo de vencer a un enemigo que no era otro más que él mismo, usando su fuerza y su energía no en su beneficio, sino contra sí mismo. Extrañas contradicciones, casi increíbles, lo sé; pero recuerda: estos son los hechos irrebatibles del mar, no meras conjeturas.

Se denomina «antinomia», del griego ἀντί (*antí*), «contrario», y νόμος (*nómos*), «ley», la paradoja en virtud de la cual dos afirmaciones que se contradicen pueden ser confirmadas como algo real en ambos casos. Sucede así con las emociones contrapuestas de los seres humanos, que pueden o, mejor dicho, deben ser vividas las dos a la vez. El principio de no contradicción de Kant no puede aplicarse a nuestros sentimientos.

¿Es «A» el motivo de nuestras lágrimas? ¿O es «no A»?
Lo son las dos cosas, pues es al principio de la antinomia al que obedecen las inquietudes que a diario

vivimos. Por eso estamos inmersos en un constante y vano combate con la vida y con nosotros mismos.

Siempre buscamos la lógica que regula los sentimientos contrapuestos que experimentamos. Y, llenos de frustración, siempre experimentamos su excepción.

«No son de hoy, ni de ayer; viven siempre. Nadie sabe cuándo aparecieron ni dónde.» Eso es lo que dice Antígona acerca de la contradicción de las leyes no escritas que regulan nuestra vida en los versos 456-457 de la tragedia homónima de Sófocles.

La razón nace de la irracionalidad.

No hay límite sin libertad.

No existe amor sin dolor, ni alegría sin tristeza.

Y no hay ninguna elección que no anticipe una palabra certera: «adiós».

Medea no había llorado nunca tanto como cuando se dispuso a abandonar para siempre a su familia, su casa y su tierra. Y, al mismo tiempo, nunca había sido tan feliz como cuando se había enamorado de Jasón y había decidido marcharse con aquel desconocido hacia un país también desconocido.

Me voy, madre mía [...].
Que seas feliz, aun cuando yo esté lejos.
¡Adiós, Calcíope, y adiós a toda la casa!

Sollozaba mientras huía del palacio en el que había nacido y en el que se había criado, mientras acariciaba su cama de niña y las hermosas paredes con una dulzura que ya era añoranza.

Ante sus últimos pasos en la Cólquide, los cerrojos de las puertas se abrían solos.

Corría descalza hacia la nave *Argo* por las calles de la ciudad que en otro tiempo la habían visto jugar con sus guijarros y que en aquel momento asistían mudas a las lágrimas que humedecían sus mejillas.

Semejante era la intensidad de la alegría y de la desesperación que Medea sentía. Y «su corazón latía como una furia por el temor» de unos sentimientos tan opuestos e hirientes.

Incluso Mene, la Luna, se alegró llena de malicia y a la vez de tristeza al ver desde lo alto del cielo la huida de Medea.

Sabía muy bien lo que sentía la muchacha, pues también ella lo único que hace es vagar inquieta por la bóveda celeste, mientras se debate continuamente entre la tarea divina de iluminar el mundo durante la noche y su amor terreno, humano, por el pastor Endimión. Justo cuando no es capaz de resistir su deseo es cuando nos vemos obligados a vivir nuestras noches sin luna: Mene cede a la pasión y corre a esconderse en el monte Latmo, en Caria, para reunirse con el hombre al que ama.

Y la Luna la exhortó de esta manera:

[...] Corre, Medea, y prepárate a soportar este dolor que tantos gemidos te hará exhalar, por sabia que seas. ¡Corre!

En cuanto vio a Medea llorosa venir corriendo hacia él, Jasón salió a su encuentro y asió con fuerza su mano con las suyas. Con dulzura la estrechó entre sus brazos, la besó y le dio ánimos, mientras le prometía de nuevo, ante la incredulidad de sus amigos, que la conduciría a Grecia como su legítima esposa.

Enseguida ordenó a los argonautas que levaran anclas y zarparan; había llegado el momento del regreso.

A bordo de la nave *Argo* Medea se dejó mecer por las olas nocturnas del mar y por los fuertes brazos de aquel al que había escogido para que fuera su compañero.

Estaba feliz por marcharse, pero desesperada por dejar su tierra.

Tendía las manos temblorosas hacia la orilla, mientras esta se alejaba cada vez más hasta confundirse con el horizonte.

> Pero Jasón la consolaba con dulces palabras
> y la abrazaba en su aflicción.

Optar por ser una cosa distinta de la que somos, ser quienes queremos, comporta siempre un abandono definitivo.

Llega el momento en el que no tenemos más remedio que decir adiós a las personas a las que amamos o a las que ya no amamos, a nuestros amigos, a nuestras ciudades, incluso a aquellos a los que desde siempre hemos odiado.

Sin embargo, no oír y no ver a alguien nunca más en nuestra vida es lo más difícil del mundo. Conozco a poquísimas personas que sepan aplicar a los recuerdos el arte del borrado completo y a muchísimas que, en cambio, subrayan la vida, hacen sus anotaciones en ella y doblan sus esquinas a modo de señal como si fuera la página de un libro.

Podemos decir adiós a todo lo que ha sido, pero nunca habrá una separación real. Las personas con las que hemos vivido, a las que hemos amado y odiado, todas han contribuido a formar al individuo que somos.

Se han convertido en parte de nosotros.

Es más, son nosotros.

Nuestros recuerdos están tan estrechamente enlazados unos con otros que las palabras que usamos, la música que escuchamos, la persona que amamos, ya no tienen vida propia e independiente de aquello en lo que nos hemos transformado.

Desde el mismo día en que estamos en este mundo hemos dejado por doquier un poco de nosotros y cualquier individuo ha pasado a ser parte de nosotros.

De ese modo, todo lo que ahora nos sucede es fructífero, y peligroso, casi siempre doloroso.

Nunca neutro.

Si pudiéramos salir de nuestra historia, aunque fuera solo por un instante, quizá entonces la separación sería posible, real. Pero tal cosa no le es concedida al hombre.

Se puede gozar y sufrir por un mismo amor.

Se puede llorar y sonreír por una misma elección.

Vivir un presente con la añoranza de un pasado.

Esta es nuestra humana antinomia.

La maleta invisible de nuestra vida pasada nos sigue en nuestro viaje, por breve o larguísimo que este sea. Es asunto nuestro escoger su peso, porque la memoria ignora la ley de la gravedad. Puede ser una pluma o un lastre, según de qué modo sepamos vivir la duplicidad del abandono, que es dolor y liberación a un tiempo, libertad y añoranza a un tiempo, y, sobre todo, miedo.

Nunca podremos existir sin llevar con nosotros el baúl de quien hemos sido, de quien nos ha criado, de quien hemos amado y, después, hemos perdido u optado por perder.

El precio sería no ser nunca viajeros que van de un puerto a otro de nuestra vida, sino vagabundos, desterrados de nosotros mismos, forzosamente olvidados del puerto del que hemos zarpado.

La soledad es una paradoja, una antinomia, la contradicción humana por excelencia. Todos queremos ser uno solo, es decir, únicos, especiales, pero nunca querríamos encontrarnos aislados, solitarios, sin nadie al lado.

«Solo», de la palabra latina *solus*, tiene siempre un valor doble. ¿Habéis pensado alguna vez en ello?

Podemos ser «únicos», «diferentes», «insustituibles», «distintos de todos los demás».

Y también sentirnos «excluidos», «abandonados», «sin nadie a nuestro alrededor».

Según algunos, la palabra derivaría del pronombre personal reflexivo «se»: ser únicamente uno mismo, de viaje a solas, asiento individual junto a la ventanilla; andar uno «esquivo», «errabundo», términos que ya casi no se usan y que hacen sonreír un poco, pero capaces de provocar un extraño nudo en la garganta en cuanto se pronuncian.

Según otros, la palabra derivaría, en cambio, de la raíz indoeuropea *se-*, que indica separación, en el sentido de excluir a alguien o algo, y del latín *parare*, «preparar». Alguien se ha preparado, pero no para nosotros, que, por tanto, nos quedamos solos, «separados». O somos nosotros los que estamos listos, pero solo para nosotros mismos y no para el otro, excluido, dejado ante la puerta de la calle. En este caso, los que separamos somos nosotros.

«Solo», palabra que puede ser tanto adjetivo como adverbio. Sinónimo de «solamente», «únicamente».

Solo un poco de azúcar en el café, tenga la bondad.

Solo amor, por favor.

Matemáticamente «solo» tiene el valor de uno, lo contrario de dos.

Uno, el número de la exclusividad que todos deseamos tener: «Yo, que solo te amo a ti», con el hondo sentimiento con el que Sergio Endrigo sabe cantar.*

Uno, el número de la soledad que tanto tememos vivir: «desolados», «abandonados», «faltos», no importa si en nuestra habitación o junto a muchas otras personas, siempre separados de alguien o de algo.

Es tan fácil la matemática de nuestro sentir, tan desalentadora su capacidad de contar solo hasta dos, de dividir nuestro mundo en singular y plural; y, sin embargo, es tan difícil dar nombre a las cosas de la vida antes de que se petrifiquen y ya no nos las podamos quitar de encima.

Hay una imagen o, mejor dicho, un vídeo que no consigo quitarme de la cabeza desde que vengo reflexionando sobre la extrañeza del significado del ser, del estar «solos». Y de la soledad.

Es uno de esos vídeos que en YouTube o en Facebook se llaman «virales», como el resfriado o como

---

* «Io che amo solo te», tema compuesto por el cantautor italiano Sergio Endrigo (1933-2005). Grabado en 1962, se ha convertido en uno de los clásicos de la música popular italiana. *(N. de los T.)*

la gripe, por el número de veces que han sido reproducidos, visualizados y «compartidos». Data del 19 de julio de 2017 y ha sido rodado en Rabat, durante una etapa marroquí de la Diamond League de atletismo.

Las imágenes muestran una carrera en la prueba de tres mil metros lisos.

El juez señala con firmeza la salida en falso de los atletas, que han partido ya de la línea de salida. Al oír su señal, los corredores se detienen casi de inmediato.

Todos menos uno, el marroquí Adil Briami, que sigue corriendo entre los aplausos de entusiasmo del público y la sorpresa de los comentaristas.

Su carrera por la pista es casi completa y absolutamente en solitario.

Adil no ha oído al juez y continúa corriendo como si no pasara nada, incitado por la multitud, confundiendo las risas de la gente con los sinceros gritos de ánimo. Cree incluso que lleva ventaja, pues no ve a nadie pisándole los talones.

Al final, el atleta es descalificado.

Y, mientras todo el mundo se ríe de él, mientras todo el mundo graba su sudor solitario que, en cuanto se da cuenta de lo ocurrido, se convierte en llanto, la mirada de animal herido y perdido de Adil, sus ojos de perro abandonado en la autopista, son para mí la metáfora más clara de la soledad contemporánea.

¿Cuál es nuestra prueba? ¿Vivir? ¿Sobrevivir? ¿Infravivir?

¿Cuántas veces nos hemos encontrado corriendo solos porque no hemos entendido el más trivial de los signos ajenos?

¿Cómo han acabado algunas de nuestras relaciones en las que de pronto nos hemos encontrado con un desconocido al lado, en pareja, pero solos?

¿Cuántas veces hemos creído avanzar hacia nuestras metas personales y, en cambio, hemos sido eliminados, porque no hemos respetado las reglas de ese juego que es la vida?

Y ¿dónde están en este momento las personas que creemos que corren hacia a la meta junto a nosotros?

¿A nuestro lado? ¿Delante de nosotros, como puntos suspensivos destinados a desaparecer? ¿Detrás de nosotros, porque las hemos adelantado, porque las hemos pisoteado, porque las hemos perdido de vista?

¿O quizá no han participado nunca en nuestra carrera y, mientras creíamos que se hallaban cerca, en realidad, estaban en otra parte, parados?

Y los aplausos, *offline* y *online,* de tantos desconocidos que nos observan correr a solas, porque no hemos entendido nada, ¿están ahí para celebrar lo únicos, lo especiales que somos o para reírse de lo solitarios y de lo perdidos que estamos; en definitiva, de lo ridículos somos?

¿Y por qué no nos abraza nadie cuando, por fin, nos damos cuenta de que nos hemos equivocado por completo y de que hemos corrido en una competición falsa y sin ningún valor?

¿Y cuántas veces hemos sido descalificados por alguien o por algo, por exceso de soledad, en los dos sentidos del término?

Habiendo vivido en otras diez ciudades distintas en dos continentes y medio, hoy hablo cinco lenguas llamadas «vivas» y entiendo dos lenguas llamadas «muertas».

A los treinta y un años me veo, muy a mi pesar, convertida en una políglota de la soledad.

En griego antiguo «solo» se decía μόνος (*mónos*), en francés, por su parte, se dice *seul*.

En inglés es *lonely*, y solo hace falta cambiar una letra para obtener esa maravillosa palabra que es *lovely*, «amable», «encantador», «adorable».

En bosnio, mi nueva lengua, «solo» se dice *sam*, palabra idéntica a la primera persona del singular del verbo ser, *ja sam*, «yo soy».

De ese modo, en masculino tenemos *ja sam sam* o *ja sam*, y así pueden confundirse los dos conceptos.

Yo soy.

Yo solo.

Me encanta sonreír ante la extrañeza de mi otra lengua, la eslava, cuando pienso en la soledad. Sonrío sobre todo cuando tengo miedo de ella; sobre todo cuando me siento sola y no sé hacia dónde volver ni con quién.

El verbo «habitar» viene del latín *habitare*, un iterativo de *habere*, que significa «seguir teniendo».

Un sitio, una familia.

Al huérfano ya no se le permite habitar, pues carece de sitio o de persona a los que seguir volviendo. Puede residir, morar, parar, alojarse; pero ya nunca más podrá habitar.

Dejé de ser el hazmerreír de los registros civiles, por la cantidad de veces que he cambiado de residencia, en el momento en que, en mi último carnet de identidad, pedí que, en el apartado correspondiente a profesión, pusieran: «Escritora».

Y, en el de ciudad, pedí que pusieran: «Sarajevo».

Hoy, en Bosnia-Herzegovina, escribo.

No habito, vivo.

NUESTRO BOTE SALVAVIDAS

Los botes salvavidas son tan variados en formas y dimensiones que les corresponde a ustedes localizar con claridad los límites de aquel al que confiarán su vida.

La ruta de la nave *Argo* es distinta ahora con respecto a la que se siguió a la ida, pero igual de desconocida. No podría ser de otra manera, debido a esa regla del cambio humano que exige un viaje nuevo hacia un puerto nuevo, porque, una vez alcanzada la meta, los que somos distintos, nuevos, somos nosotros.

La nave *Argo*, pues, ya no atraviesa las Simplégades y el Bósforo, sino que se desliza por el Danubio hasta desembocar en el mar Adriático. Desde allí, siguiendo el curso del Po y del Ródano, llegará al mar de Liguria y al mar Tirreno.

Son estas las mismas aguas itálicas en las que Homero situó las travesías de Ulises durante su νόστος (*nóstos*), el viaje de regreso a Ítaca al término de la guerra de Troya. Y, durante su navegación, los argonautas se topan con los mismos protagonistas de la *Odisea*: la maga Circe, Escila y Caribdis, Tetis —la madre de Aquiles—, o las sirenas, hasta fondear en la isla de los feacios, en la que reina Alcínoo, padre de Nausícaa, y donde Jasón y Medea celebrarán su boda.

Lugares, todos ellos, personajes, todos ellos, que el lector, antiguo y moderno, ya conoce y en los que reconoce un rastro de sí mismo.

Haría falta que llegara Marcel Proust para iluminar los engaños del tiempo cronológico y del tiempo narrativo. Y, sobre todo, el juego de espejos reflectantes de nuestra propia memoria.

Así como los diferentes azares que nos hacen conocer a ciertas personas no coinciden con el tiempo en el que las amamos, sino que pueden producirse —superándolo— antes de que comience y repetirse después de que haya acabado, así también las primeras apariciones que hace en nuestra vida una persona destinada a gustarnos más adelante, cobran retrospectivamente un valor de advertencia, de presagio, para nosotros.*

Eso dice Proust en *En busca del tiempo perdido*.

Todos recordamos el delicadísimo amor de la ninfa Calipso por Ulises, la despiadada seducción de Circe, el peligroso atractivo del canto de las sirenas o la inocencia y la timidez de Nausícaa. Los recordamos hasta el punto de convertirlos en algo inseparable de la trama de la *Odisea* y de la de nuestra vida, a partir de la primera vez en que escuchamos, siendo todavía niños, la historia de Ulises, tan llena de aventuras.

Ahora nos resulta ya imposible pensar, o tan siquiera imaginar, un tiempo en el que estos personajes existieron, amaron u odiaron, fueran benévolos o crueles con independencia de lo que Homero nos dijera de ellos.

---

* Marcel Proust, *En busca del tiempo perdido*, I, «Por la parte de Swann», Barcelona, Lumen, 2000, p. 409, trad. de Carlos Manzano. *(N. de los T.)*

A ese engaño del tiempo narrativo se suma el engaño privado del tiempo cronológico de nuestras vidas, que son irrepetibles.

Nuestro conocimiento de la *Odisea* hará que sus personajes sean inseparables para siempre de nuestro recuerdo personal del poema, un recuerdo que solo nosotros, y nadie más, tenemos, como cuando, de chiquillos, suspiramos de amor junto a Nausícaa o, de adultos y solos, como Circe, nos hemos dejado llevar en una noche de sexo sin remordimientos de conciencia y sin amor.

Ahora la isla de los feacios o Escila y Caribdis se presentan ante nosotros, lectores de las *Argonáuticas*, como unos lugares del mundo conocidos por todos, aunque solo nosotros sabemos que permanecerán ligados únicamente a una persona; como unas palabras universales que han sido el léxico particular de una historia de amor nuestra y que nunca volveremos a emplear con otros; antes, moriríamos.

El viaje de la nave *Argo*, la historia de Medea y Jasón, la leyenda de los argonautas, algunos de los cuales participarán luego en la guerra de Troya, se sitúan, cronológicamente, al menos unos cuantos decenios antes de la *Ilíada* y de la *Odisea*, se trata de «una leyenda bien conocida de todos», como la define Homero en el canto XII de la *Odisea*.

Fue, en cambio, el autor de las *Argonáuticas*, Apolonio de Rodas, el que puso por escrito de un modo sublime el viaje de la nave *Argo* quinientos años después de Homero. Y quién sabe cuántos lo intentarían antes que él, destinados a permanecer sin nombre y sin palabras en nuestro conocimiento de la literatura griega, condenada para siempre por la historia a la laguna, al fragmento, al retazo incompleto.

Apolonio de Rodas, capaz tal vez de anticiparse dos mil años a Proust, lo sabía: al mencionar a Circe, a Calipso, a las sirenas, la mente del lector correría en busca de las obras de Homero y las confundiría con un «antes» que no existe y que, al mismo tiempo, vive solo gracias al arte del relato.

Su objetivo no es, desde luego, reconstruir histórica o literariamente la vida y la psicología de los personajes antes de su encuentro con Ulises; no le interesa una *prequel* o un *spin-off*, como diríamos hoy.

Antes bien, Apolonio de Rodas quiere jugar, como un habilísimo director de atrezo, con las ilusiones, con las burlas, con los vacíos y con los rellenos creados por la memoria del lector.

Sabe muy bien que al citar la isla de Calipso o al rey de los feacios, los argonautas se convertirán tres veces en protagonistas: de su historia, de la de Ulises y de la tejida en la memoria del lector.

Ulises, su viaje y sus aventuras se encuentran por todas partes, sin ser mencionados en ningún momento, porque, cronológicamente, todavía no han tenido lugar. Sin embargo, su ausencia se transforma en la página en una presencia más penetrante.

Así, el viaje hacia atrás narrado en el canto IV de las *Argonáuticas* le parece al lector una especie de *En busca del tiempo perdido* de lo que sucedió antes de la *Odisea*, cuando, en realidad, se trata de *El tiempo recobrado*.

Por eso la narración del viaje de regreso de la nave *Argo* tiene la capacidad de salir de los confines de la experiencia literaria singular de Medea y Jasón para enlazar con el horizonte de todo hombre o de toda mujer que haya emprendido, en cualquier época, un viaje de cambio, de crecimiento y de experiencia hacia su Ítaca interior.

Gracias a la navegación hacia atrás de *Argo*, logramos recomponer los fragmentos dispersos de nuestro vivir eternamente de viaje de un puerto a otro.

Apolonio lo sabía y ha escrito para venir en nuestra ayuda: la *Odisea* es la nave maestra, única e insustituible.

Las *Argonáuticas* son nuestro bote salvavidas universal, ligero, síntesis que salva la vida.

En el viaje con destino a Grecia, los personajes con los que se encuentran los argonautas son todos femeninos, a excepción de Alcínoo.

Como en los poemas homéricos, es solo y nada más que la mujer la que transforma al héroe en ser humano, al enemigo en hombre; y lo hace por medio del amor. Lejos de la fuerza sobrehumana y de las sobrehumanas pasiones de divinidades como Atenea o Afrodita, es el amor femenino en todos sus matices —desde los celos hasta la prudencia, desde el desequilibrio hasta el eros, desde la crueldad hasta la independencia— el que, a su vez, hace humanos a los héroes de la guerra de Troya.

Sin embargo, a diferencia de la *Ilíada* y de la *Odisea*, la única mujer protagonista de las *Argonáuticas* es Medea, síntesis de las mujeres de Homero, el prólogo y el epílogo. El indicio, el rastro, el todo.

De Medea nos deslumbra la soledad, la unicidad y, al mismo tiempo, la multiplicidad.

Medea está sola, es única, pero al mismo tiempo es todas las mujeres de Homero —la enamorada Calipso, la aliada Andrómaca, la despiadada Circe, la hermosísima Helena, la prudente Nausícaa—; de todas ellas la foránea conoce el sentimiento y la expresión.

Medea representa a todas las mujeres que habitan en nosotras. Hijas, madres, esposas, amantes, seductoras, amigas, desde el día en que vinimos al mundo: mujeres.

NÓSTOS O EL REGRESO

Al término de una travesía por los mares del norte, Arthur LaBarge, marinero que se encontraba a bordo del petrolero Oneida, comentó: «No existe un "viaje entero", el mar no es un tren para trabajadores que van y vienen de una ciudad a otra. Existe la ida. Y, por el contrario, existe la vuelta».

Los argonautas se alejaban a toda velocidad de la Cólquide. A sus espaldas dejaron la tierra de Paflagonia para adentrarse en el río Istro. Desde allí desembocaron en poco tiempo en el mar de Crono, el Adriático.

Felices de encontrar una brisa ligera, pasaron las islas Libúrnides, Isa, Discélados y la bella Pitiea, cuando en el horizonte divisaron Mélite (el antiguo nombre de Malta) y la escarpada Ceroso.

Más adelante, el viento enviado por Hera les impidió detenerse en la isla de Calipso, la encantadora ninfa hija de Atlante.

«La nave se precipitó hacia delante gracias a sus velas», hasta adentrarse en la desembocadura del Erídano, el antiguo nombre del río Po, para remontarlo a contracorriente.

La navegación se hizo entonces penosa y ardua, debido al aire caliente y fétido de la llanura padana, que por aquellos tiempos era un simple pantano. Según la mitología griega, el ardiente calor estaba provocado por el cuerpo herido de Faetón, hijo del Sol, que justo se había precipitado en esa zona de Italia tras ser castigado por Zeus. Lo cierto es que Faetón había obtenido permiso para conducir el carro del Sol, pero, en vista del espectáculo del Zodiaco, se había asustado tanto que descendió hasta una cota bajísima y acabó por quemar todo el terreno que encontraba a su paso. Las hermanas de Faetón, las jóvenes Helíades, seguían llorándolo a lo largo del Po, transformadas en álamos: sus lágrimas, solidificadas por el sol, habían dado lugar al ámbar, que rodaba luminoso por la corriente del río.

De nuevo los antiguos griegos disponían de una explicación para todo, incluso para nuestros asfixiantes veranos en la llanura padana. Aunque hoy ya no se encuentra en ella ámbar, que ha sido sustituido por los aparatos de aire acondicionado.

Al cabo de varios días y noches de continua navegación, Apolonio de Rodas cuenta cómo la nave *Argo* logró remontar a contracorriente todo el río Po y, a través de lo que para los geógrafos antiguos se correspondía con el brazo meridional del río Ródano, dieron de nuevo con el mar, primero con el de Liguria y, luego, con el Tirreno

> Y después de una larga travesía llegaron a las costas
> bañadas por el mar,
> atravesando sin ser vistos, por los designios de Hera,
> las incontables tribus
> de celtas y ligures. Pues a su alrededor una espesa niebla
> esparcía la diosa cada día mientras avanzaban por la
> zona.

Agotados, descansaron en las hermosas playas de la isla de Etalia (Elba) y, desde allí, prosiguieron hacia la isla de Eea, donde echaron las amarras sobre la orilla.

Se trataba del promontorio Circeo, en otro tiempo una península rodeada por el agua o tal vez unida a tierra solo por una franja de finísima arena en la que vivía la maga Circe.

Unas bestias de forma extraña, que por la mezcolanza de sus miembros no se parecían ni a seres humanos, ni a animales salvajes, la seguían en apretadas filas, semejantes a una manada.

En cuanto vieron a aquella mujer, que irradiaba fuerza y belleza, los héroes se estremecieron, pero una simple mirada de la maga a Jasón bastó para que este reconociera en la altivez y en el soberbio porte de Circe la misma prestancia de Medea. Las dos mujeres eran, de hecho, tía y sobrina (la maga Circe, hermana de Eetes). Y los descendientes del Sol se distinguían fácilmente por el rayo de fuego que sus ojos azules sabían lanzar, una llama directa y lejana, «semejante al reflejo del oro».

Circe comprendió enseguida que su sobrina vagaba errante y que necesitaba ayuda, aunque un atroz tormento ocupaba su corazón y su mente tras una noche de pesadillas.

Invitó a Jasón y a Medea a tomar asiento y les pidió que le contaran con todo detalle su viaje y sus peripecias.

Así respondió a todas sus preguntas
hablando dulcemente en la común lengua de la Cólquide

la hija del cruel Eetes, y relató la expedición y los viajes
de los héroes, y cuánto habían padecido en las duras
    pruebas, [...]
y cómo ella había partido lejos huyendo de las terribles
    amenazas de su padre.

La muchacha buscaba compasión por su amor, pero
en su tía no encontró más que rechazo y maldad. Oídas sus palabras, Circe se levantó como movida por
un resorte y apartó de mala manera a su sobrina
mientras la llamaba «desdichada» y «acompañante»
de aquel extranjero.

Medea lloraba sin cesar y Circe la echó de su lado,
negándole incluso la posibilidad de un abrazo.

¡Y no me supliques abrazando mis rodillas! [...]
Pues no aprobaré tus determinaciones ni tu vergonzo-
    sa fuga.

Un intenso dolor se apoderó de Medea, que se tapó
el rostro con las manos para no ver el desprecio de
su tía.

Fue Jasón quien tomó a la joven de la mano y la
condujo fuera del palacio, temblorosa y llena de espanto. Y así, sin despedirse, la pareja abandonó la
morada de Circe.

La mujer permaneció impasible en su bellísimo
palacio, disgustada, pero firme en su determinación
de no amar nunca a nadie, separada del mundo por la
soledad que había decidido para sí y que a toda costa
defendía.

Con la misma mirada imperturbable, fija en el
polvo que hubiera sido preciso limpiar con un trapo,

un día no muy lejano Circe miraría a Ulises, mientras este la abandonaba para siempre.

¡Qué hermoso es el tramo de mar que separa Sicilia de Calabria! Me acuerdo de su luz al atardecer, en invierno, tan inflamada de rojo y de morado que pensé que Escila y Caribdis se habían trasladado del agua al cielo.

Fue allí, en una terraza de Mesina, junto a una amiga, que, como yo, ama las palabras antiguas y posee el raro don de devolverles la vida gracias al alma que pone al articularlas, donde comprendí en toda su plenitud una de las muchas palabras griegas para decir «mar», πόντος (*póntos*), que tiene la misma raíz que nuestros «puentes» sobre la tierra firme.

Ese día pensé, mientras mi amiga proseguía con su relato, que quizá no hacen falta Dios sabe qué grandiosas y colosales obras de ingeniería anunciadas y aplazadas desde hace decenios: el propio mar es el «puente» sobre el estrecho, lo ha sido desde siempre; es esa franja de agua que une Sicilia y Calabria, y nosotros, los contemporáneos, solo vemos el trayecto, la distancia, la prisa, el estorbo, la separación.

Escucha ahora, divina Tetis, lo que deseo decirte.
Sabes cuánto en mis mientes me es querido el héroe
Jasón, y con él todos los demás compañeros de esta
    empresa,
y cómo podría salvarlos al pasar por las Rocas
Errantes, donde braman tremendas tempestades
y las olas borbotan en torno a los duros escollos.
Pero ahora su ruta los dirige al gran peñasco de Escila
y a Caribdis, que regurgita de manera terrible.

Así suplicaba Hera a Tetis, la más bella y poderosa de las Nereidas, ninfas del mar e hijas de Océano, para que ayudase a los argonautas a superar las temibles corrientes del estrecho de Mesina.

Guardianas y dueñas y señoras del estrecho eran dos criaturas monstruosas, Escila y Caribdis. Ninfas en otro tiempo, ahora vivían en dos grutas submarinas e impedían atravesar aquel tramo de mar.

Escila, que residía en Calabria, había sido transformada en un ser de tentáculos larguísimos y con seis cabezas de perro por Circe, celosa porque Glauco, el hermoso hijo de Neptuno, la había rechazado, enamorado como estaba de la joven, que, sin saber que iba a ser víctima de su venganza, se bañaba en la playa de Zancle (Mesina).

Caribdis, por su parte, se asemejaba a una lamprea abisal, con una boca dentada por la que regurgitaba impetuosas corrientes y con la que devoraba las naves que pasaban. Había sido Zeus quien la había castigado por su voracidad y la había transformado en un monstruo cuando esta se atrevió a robar los bueyes sagrados del gigante Geriones.

Tetis obedeció de inmediato la petición de Hera y ordenó a sus hermanas, las Nereidas, que se reunieran con el fin de nadar juntas por el mar Ausonio, en el que *Argo* navegaba.

Sin embargo, la ninfa no supo resistirse al deseo de volver a ver a su marido, Peleo, «el mejor de los mortales», que formaba parte de los argonautas.

Lo amaba todavía, al igual que el día más feliz de su vida, cuando él le había pedido que se casara con ella: las bodas de Tetis y Peleo fueron las más hermosas y las más románticas de la Antigüedad, no había ningún pintor, ni ningún escultor que no intentara demostrar su valía inmortalizando el amor invencible entre un mortal y una ninfa marina.

No obstante, Tetis no era capaz de perdonar la afrenta de aquel hombre y nunca podría hacerlo, pues era demasiado orgullosa, condenando así a ambos a una vida de amor siempre vivo y siempre lamentado.

Tetis se acercó a Peleo, invisible a todos los demás y bellísima solo para él, y le dirigió las siguientes palabras:

No sigáis esperando en las costas del Tirreno.
Al alba soltad las amarras de la veloz nave *Argo*,
obedeciendo a Hera, vuestra protectora. Por orden
    suya
las jóvenes Nereidas acuden a ayudar
a la nave a cruzar las rocas que llaman Planctas
y así salvarla. Pues esa es la ruta que os está destinada.
Pero tú no muestres mi figura a nadie, cuando me veas
acudir junto a ellas. Tenlo presente, no vayas a irritar-
    me
más todavía de cuanto me hiciste enfadar en el pasado.

Al punto desapareció sumergiéndose en las profundidades del mar y Peleo no tuvo tiempo de decir ni siquiera una palabra a su esposa, a la que tanto amaba y a la que había perdido.

«Un dolor lacerante» hirió su corazón; aquella era la primera vez que veía a Tetis desde que ella había abandonado su casa y el lecho común.

Los dos habían pecado por un amor excesivo que, lejos de afianzar la magnífica pareja que formaban, la había arruinado.

Demasiado amor en la hiperprotección, en el afán de defender a toda costa de los riesgos de la vida a Aquiles, su adorado hijo. A escondidas de Peleo, Tetis, inmortal, quería dar vida eterna a Aquiles para que su hijo nunca se separara de ella.

Se hallaba realizando el rito mágico con el niño, rociando su cuerpo con ambrosía y pasándolo por el fuego, cuando Peleo, que no sabía nada, se asustó al contemplar las llamas que rodeaban a su hijo. Se entrometió al creer que debía salvar a Aquiles y arrancó a la criatura de los brazos de Tetis.

Como consecuencia de la brusca interrupción del rito, Aquiles sería inmortal en todo su cuerpo, excepto en el talón, que su mortal padre, sin saber que no debía hacerlo, había tocado.

«¡Pobre insensato!», se decía ahora Peleo, mientras su esposa desaparecía entre la blanca espuma de las olas.

Peleo y Tetis solo volverían a verse en sueños.

Lo que no sabían era que sí, que Aquiles moriría en Troya, herido en ese talón por una flecha de Paris. Sin embargo, un día lejano, tras descender a los Campos Elíseos, Hera concedería a Aquiles una esposa única con la que reviviría, en el más allá, el mismo amor que había unido a aquellos padres, que, por proteger a su hijo, se separaron para siempre.

La mujer con la que Aquiles se uniría en el mundo de ultratumba eternamente sería Medea.

Un viento propicio llevaba la nave. Y enseguida avistaron
una isla hermosa, Antemóesa, donde las melodiosas
sirenas, las hijas de Aqueloo, hacían perecer hechizándolos

con la dulce armonía de sus cantos a cuantos atracaban en las inmediaciones.

Era aquella la «isla rica en flores», como la llama Apolonio de Rodas, «la de prados floridos», como dice Homero, que hoy podemos localizar en los escollos situados entre Capri y Sorrento, donde vivían las sirenas, temibles criaturas mitológicas con cuerpo de ave y dulce rostro de mujer. Hijas de Terpsícore, la musa de la danza, o de Melpómene, en un principio la musa del canto, habían privado de la alegría del regreso a muchísimos hombres, al seducirlos con su dulce canción.

Sin embargo, no era sensualidad lo que las sirenas cantaban; era sentimiento, era añoranza, era nostalgia del pasado, capaz de detener los pasos de quien escuchaba su voz, «dulce como los lirios».

Semejantes a las lágrimas eran sus cánticos, que sabían cómo hacer brotar el llanto escondido y encerrado en el corazón de quienes tanto habían viajado.

De ese modo, los navegantes, cautivos de la voz que sabía desencadenar la tempestad que permanecía adormecida dentro, decidían echar el ancla, extenuados, como quien, durante demasiado tiempo, no ha hablado y no ha llorado; como quien, durante demasiado tiempo, ha obedecido la norma que obliga a contenerse para no mostrarse nunca débil.

¿Cuántas veces han cantado las sirenas también para nosotros y nos hemos detenido? ¿Cuánto más peligrosa es la añoranza de lo que lo ha sido respecto a los peligros de lo que todavía ha de venir?

El argonauta Orfeo blandió enseguida su lira e hizo resonar las notas de canciones alegres, felices, de ritmo rápido, para cubrir el conmovedor sonido de las sirenas, hasta que las voces de estas se convirtieron en un canto vago y distante, alejado por el viento.

A veces una sonrisa tiene la facultad de curar el confuso nudo de melancolía que todos hemos sentido en la garganta.

Sin embargo, uno de los héroes, Butes, había saltado de la nave y se había arrojado al mar, cautivado por el armonioso canto de las sirenas. Nadaba ya a grandes brazadas hacia ellas, destinado a no regresar jamás a su patria.

Los argonautas observaban con tristeza cómo se alejaba su amigo, «¡desdichado!», condenado, por un instante de humana debilidad, a una existencia con el corazón contraído entre las flores de la costa amalfitana.

Al final, la nave *Argo* llegó a esa «encrucijada marina» que es el estrecho de Mesina.

Los argonautas temblaron al ver, por un lado, la escarpada roca de Escila y, por el otro, a Caribdis, que bramaba salvajemente entre los rugidos de las corrientes.

Sin embargo, enseguida acudieron en su ayuda las nereidas, guiadas por Tetis, que agarró con seguridad el timón de la nave.

Y lo que viene a continuación es, quizá, una de las escenas más hermosas de las *Argonáuticas* y acaso de toda la poesía helenística.

Las ninfas del mar emergían de las aguas junto a la nave semejantes a una manada de delfines y daban vueltas, unas veces por delante y otras por detrás, y otras a uno y otro de los marineros, que, maravillados, se olvidaron por completo el miedo.

Tetis conducía firmemente la nave y, en el momento de atravesar el estrecho, las ninfas saltaron a lo alto de los peñascos, divididas en dos cuadrillas a uno y otro lado.

Con una nueva metamorfosis, las nereidas se convirtieron de delfines en bellísimas doncellas que, levantando sus vestidos blancos por encima de las rodillas, crearon una corriente fortísima y armoniosa, capaz de hacer avanzar muy deprisa a los argonautas sin que la nave chocara con Escila y Caribdis.

Creado el viento propicio, las nereidas empezaron a lanzarse unas a otras la nave *Argo* para que esta avanzara con seguridad por encima de las olas y siempre lejos de los escollos, mientras debajo borbotaba el mar.

Ellas, como muchachas que en una playa arenosa,
con los pliegues del vestido recogidos por encima de
    las caderas,
divididas en dos equipos, juegan a lanzarse la pelota, y
    sucesivamente
una la recibe de otra y la lanza hacia lo alto
por los aires sin que toque nunca el suelo,
así las Nereidas, lanzándose alternativamente unas a
    otras la nave que corría veloz,
la mantenían por encima de las olas y siempre lejos
de los peñascos, y en torno el agua borbotaba rugiendo.

Fue, pues, un juego de niñas el que salvó a los argonautas, que ahora avanzaban felices y asombrados hacia la isla de Drépane, en la actualidad llamada Corfú.

Medea y Jasón intercambiaron una mirada de amor y prosiguieron la navegación hacia Grecia.

El destino no habría podido escoger para sus bodas y para su primera noche de amor un escenario más hermoso que la playa en la que, un día, la joven Nausícaa se enamoraría de Ulises.

EN CASO DE NAUFRAGIO

Se acabó ya el tiempo en el que podías abandonarte al letargo del vaivén de tu barco, entreteniéndote con una cuerda o dos y pensando: «Dejemos que el resto lo haga George».

En caso de naufragio, el bueno de George podrá tener mucho más pánico que tú y ser menos experto en el lanzamiento de un bote salvavidas.

Entonces solo de ti dependerá su salvación, además de la tuya, mientras vuestra nave se hunde.

La nave *Argo* zarpó de la isla de Drépane al amanecer. A su encuentro venía una suave brisa y el cielo estaba sereno.

Los argonautas avanzaban a toda velocidad hacia casa y el contorno del Peloponeso se divisaba ya en el horizonte, velado por la bruma.

Pero el destino aún
no permitiría a los héroes desembarcar en Acaya
sin que sufrieran nuevos padecimientos en los confines de Libia.

De repente, se abatió sobre la nave una furibunda tempestad que la arrastró sin rumbo fijo durante nueve días y nueve noches, hasta que quedó encallada en las arenas del golfo de Sirte, en la frontera entre el imperio cartaginés y el de Cirene (hoy entre Túnez, al oeste, y Libia, al este). No había ninguna salida para los barcos que naufragaban en aquel lugar.

> Pues es todo marisma, y solo hay por doquier mucila-
> ginosos abismos
> cubiertos de algas, sobre los que flota silenciosa una
> turbia espuma.
> La arena se extiende hasta la raya del horizonte, y por
> ninguna parte
> hay rastro de animales terrestres ni de aves.

La nave *Argo* fue lanzada por la tempestad a la ensenada más recóndita del golfo. La quilla se hundía ya en la arena, no en el mar.

Los héroes fueron presa de un inmenso desconsuelo; aquella tierra gris verdosa, del mismo color que el cielo, se extendía hacia el infinito hasta perderse de vista. No había riachuelos, ni senderos, ni caminos, ni siquiera la casa de un pobre pastor. Todo estaba dominado por una quietud irreal, pesada, impropia de los seres humanos y de la vida.

Cortante como un cuchillo que se hunde en un cuerpo destinado a morir es la expresión griega que utiliza Jasón para definir ese lugar: «Τίς χθὼν εὔχεται ἥδε;».

> ¿Pero esta tierra es verdaderamente «tierra»?

Cualquier viajero que visitara hoy el desolado y cenagoso páramo que separa el norte de Libia de ese Mediterráneo que para los griegos era puente, camino a casa, pronunciaría las mismas palabras. Y estoy segura de que, aun no sabiendo nada de Apolonio de Rodas, son muchos los hombres y las mujeres que en este preciso instante observan, agotados, ese yermo desierto pensando lo mismo y esperando salvarse en su viaje hacia casas extrañas, náufragos de unas guerras que no son las suyas y cuyo precio están pagando tres mil años después de Jasón.

Asustados, los argonautas eran espectadores de su propio naufragio y despotricaban contra la regla universal en virtud de la cual el viaje de regreso tiene que ser necesariamente distinto del de ida. Lanzaban sin cesar imprecaciones contra esa norma impuesta por Zeus.

Por primera vez, con el vellocino de oro entre sus manos, experimentaban el fracaso y se enzarzaban en inútiles rencores, mezclados con insoportables remordimientos.

Cedieron a la cómoda tentación de culpar a otro: la rabia, yerma como el desierto, hace que nos sintamos inocentes, víctimas de injustos castigos y nunca obligados a aceptar la más simple de todas las reglas de la vida. No siempre las cosas van como debieran. Casi nunca.

¿Adónde nos empujaron las tempestades?
Tal vez habríamos debido seguir la misma ruta que a la ida
[...]
Aunque hubiéramos partido contra los designios de Zeus,
¡más nos habría valido perecer discurriendo alguna grande empresa que seguir aquí!

¿Qué vamos a hacer ahora, obligados por los vientos
a permanecer aquí, aunque sea por poco tiempo?
¡Qué desolado se extiende este desierto inmenso!

Entre lágrimas se pusieron a maldecir a Némesis, ig-
norando que el fracaso forma parte de la vida falible,
y, por tanto, humana, y confundiéndolo con un revés
del destino.

Imposible reprochárselo; también a nosotros nos
ocurre, a diario, en caso de naufragio.

Todos podemos tener un tropiezo.

Dar un mal paso, cuando vamos corriendo con
prisa a coger el último metro o cuando la emoción
nos embota.

Si tuviera que hacer una lista de todas las veces en
que me he caído de un escalón en ocasiones más o
menos oficiales, en que he chocado con una persona
por error mientras arrastraba una maleta más grande
que yo, en que he empezado a hablar a trompicones,
en que me he dado de bruces contra un espejo que
creía, equivocadamente, que era una puerta, en que he
cometido imperdonables errores gramaticales y me
he sentido peor que un gusano…, sí, un libro entero
no bastaría. Tropiezos que queman por dentro, y
cómo, pero, casi siempre, eliminados con una carcajada de alguien al que tenemos cerca y que nos quiere.

Única y solamente eso significa «fracasar», «fallar»,
del latín *fallere* y antes incluso del griego σφάλλω
(*sphállō*), «caer», «tropezar», «cometer un error».

Hoy el fracaso, el fallo, se ha convertido en una
humillación pública o en un vergonzoso secreto, en
sinónimo de desastre, de catástrofe, de hundimiento,
de estigma de derrota que, de la actividad en el obje-

to, se aplica a la persona, de sujeto expulsado al círculo de los fracasados, de los que han hecho crac, de los que se han roto por algún lado. Al igual que la palabra «naufragio», usada con frecuencia como sinónimo de derrota personal, cuando, en realidad, corresponde solo a la nave «herida» y no al que la guía, obligado como está a asumir la responsabilidad de llevarla y de ponerla siempre y en todo momento a salvo para salvarse.

Nosotros, modernos náufragos de las palabras, al alejarnos del verdadero significado de «fallo», hemos hecho de la caída la peor de las culpas, el defecto más grande que tenemos que camuflar en nuestra escalada hacia lo alto con pasos que deben ser, por fuerza, rápidos y perfectos, nunca inseguros.

Actuamos como si fuéramos impecables, miramos con compasión al más débil, apelamos a la selección natural darwiniana y nos olvidamos de que no ha existido nunca, ni está previsto que exista, una vida sin error.

El primer don del ser humano es la «falibilidad», aquello que lo separa del divino infalible.

Más vale desconfiar de quien nunca se equivoca, de quien nunca se cae. No siempre es el mejor, sino, quizá, el más débil, el que no se permite el lujo de dejarse llevar por su humanidad falible, es decir imprevista, es decir sorprendente.

Al contrario, más vale darle un abrazo.

Como nos recuerda con claridad la palabra, «fallar», «fracasar», no es culpa ni castigo, no es infracción ni injusticia.

Estamos en el mundo para caer y, después, volver a levantarnos.

El verdadero fallo, el verdadero fracaso, es el concepto opuesto: fallar no significa no tropezar nunca, sino decidir permanecer en el suelo.

El arte de fallar es la más humana de las debilidades y, como tal, merece la mayor delicadeza. ¿Cómo no sonreír ante los primeros pasos, inseguros, tambaleantes, de un niño que empieza a aprender a andar? Y, si la criatura se cae, ¿acaso su madre no la pone de nuevo al momento de pie y le da un beso en la frente?

Casi siempre ocurre que el fracaso, el fallo, por doloroso que sea, provoca una sonrisa, si se contempla desde la perspectiva adecuada y con la mirada griega adecuada.

Como la de *Argo*, la primera nave construida en el mundo, guiada por un grupo de héroes, que, tras librarse de tanto mar, de tantos peligros, desde Escila y Caribdis hasta las Simplégades, se ve condenado ahora a naufragar en tierra firme y no en los abismos del piélago.

¿Existe acaso un momento de la vida en el que podamos ser más torpes, más bobos, más desmañados, que en ese instante único en el que nos enamoramos?

Nos sentimos tan imperfectos con la ropa que hemos tardado horas y horas de reflexión y de consultas en elegir, con nuestras manos, que tiemblan al coger la taza de café, con la sonrisa, que invade nuestro rostro mientras la salsa invade nuestra camisa durante la cena… Nuestras palabras nos parecen siempre vacilantes e imprecisas, nunca son «las adecuadas». Sin embargo, no hay palabras perfectas, solo tenemos nuestras propias palabras para decir quiénes de verdad somos.

El amor es la aventura de la vida con la tasa griega de fracasos más alta.

Como les ocurrió a Jasón y a Medea, no existe obstáculo, desventura o empresa que nos impida enamorarnos. Poco importa que no haya frase en el mundo que entrañe el riesgo más alto de tropezar, de resbalar, de caer, de despeñarnos, que

te quiero.

En el cinismo imperante y en la frialdad de los corazones, el fallo, el fracaso, se ha convertido en total y completa expulsión de una sociedad basada en el éxito y en la obligación —enmascarada incluso demasiado bien por el derecho— de ganar siempre. Hoy resulta obligatorio llegar siempre el primero, a toda costa, y, por supuesto, está prohibido tropezar.

El resultado son unos índices altísimos de depresión, sobre todo entre los más jóvenes, a los que nadie ha tendido una mano para ayudarlos a levantarse la primera vez que experimentaron en qué consiste una caída, mientras que todo el mundo les ha restregado por las narices la tarjeta roja.

Chicos que al primer fallo se han quedado solos, a los que han dejado tirados en el suelo. Fallar se ha convertido en la falta futbolística, en infracción, en violación de las reglas del despiadado juego moderno de la perfección. Así que se les penaliza, así que se les echa «fuera». Son eliminados.

Y para hacer frente a todo esto, que nosotros mismos hemos creado, el arte de fallar, de fracasar —*to fail*, en inglés—, se ha convertido en materia educativa en una de las principales instituciones académicas de Estados Unidos, el exclusivo Smith College, de Massachusetts. A partir de 2017, los alumnos —o, mejor dicho, las alumnas, pues el Smith College es una universidad femenina— pueden optar por seguir el curso de historia del arte, de química, de literatura francesa o de fracaso. La universidad propone un curso titulado Failing Well, «fracasar bien», con un plan de estudios que prevé declarar las propias debilidades en *streaming* ante ilustres desconocidos. Tropiezos banales como «he sacado una mala nota», o «he llegado tarde a la prueba de admisión», o incluso «me han suspendido».

La imperfección humana, tan heroica en la fuerza que nos impulsa a amar, se ha convertido en materia educativa. Y, además, de la que hay que examinarse. Al final del curso, el Smith College entrega un bonito certificado de pergamino. Un diploma de fracaso.

Mágicas resultan las definiciones de los colores en griego antiguo y, de ese modo, los argonautas no se pusieron blancos de miedo, sino rojos, del color de la sangre. La angustia hizo que inundara sus mejillas una «lividez pálida», sino «un sudor de sangre».

> Vamos a perecer, vencidos por un terrible destino, y no
>   hay escapatoria
> de la fatalidad. Arrojados a este desierto,
> deberemos sufrir las penalidades más espantosas.

En su desesperación, el timonel de la nave *Argo* pronunció la siguiente sentencia:

Por eso os digo que está perdida toda esperanza
de regresar a casa a bordo de esta nave. Que otro mues-
    tre
su pericia, si lo desea, sentándose al timón
e intentando retomar el rumbo. Pero Zeus no quiere
    en absoluto
que el día del regreso ponga fin a nuestras fatigas.

Nadie dio un paso hacia delante; todos contemplaban la nave *Argo* encallada en la arena y el limo del norte de África.

«De ese modo se arrastraban los héroes, deambulando por aquella playa infinita», como hacen los seres humanos por la ciudad cuando aguardan que se abata sobre ellos la guerra, o la peste, o una lluvia torrencial que sumerja bajo el agua las tierras que con tantas fatigas han labrado.

Apolonio de Rodas esboza los gestos de los argonautas como cualquiera de nosotros describiría la multitud sin rostro de los hombres y las mujeres, «semejantes a sombras sin vida», que, al anochecer, vuelven del trabajo a casa, encorvados, como si toda el alma se les hubiera secado en esa oficina o en ese incómodo tren que los lleva de vuelta al hogar, el mismo que tomaron al amanecer.

Cuando la oscuridad más absoluta se adueñó del desierto, los argonautas se abrazaron unos a otros llenos de tristeza, como para reabastecerse de lo que más necesitaban en aquellos momentos: no se trataba de comida, ni de agua, sino de afecto. Después, «cada uno por su parte, en soledad», fue echándose sobre la arena, uno aquí, otro allá, en busca de algún lugar apartado de sus compañeros.

Tras cubrirse la cabeza con sus mantos, permanecieron inmóviles durante toda la noche. Con el corazón «helado dentro del pecho», en soledad, cada argonauta se puso a llorar y derramó esas lágrimas que nadie sabe de dónde salen, pero que no tienen fin.

A solas, lejos de Jasón, Medea no durmió aquella noche. Con su rubia cabellera hundida en la arena, permaneció observando las estrellas, mientras de sus labios salía un único y triste lamento, «como cuando unos polluelos que han caído del nido excavado en el hueco de una peña, abandonados e incapaces de volar, pían agudamente pidiendo ayuda».

Una muchacha apenas, Medea había abandonado su nido, su casa de la Cólquide, a su padre, Eetes, a su madre, a sus amigas y a las hermanas con las que había crecido. Ahora, convertida ya en mujer por obra del amor, cuando por primera vez desde el comienzo del viaje se permitía el lujo de ser débil, temblaba, náufraga en un mar que no era de ella y por culpa de un barco que tampoco lo era.

Y, sobre todo, lloraba sola.

Los griegos nos enseñan que la preposición que debe usarse para ocuparnos de la persona a la que se ama no es, desde luego, «con», propia del complemento circunstancial de compañía. Podemos estar aislados o en medio de mucha gente, pero no hay nada en el mundo tan doloroso, ni tan cruel, como sentirnos solos al lado de otro.

Estar.

Estar al lado de quien sufre no es una cuestión de geografía, de presencia o de ausencia físicas, de cercanía o lejanía, sino de sentimiento común. En griego antiguo se decía ἐμπάθεια (*empátheia*). Empatía, de ἐν (*en*), «dentro», y πάθος (*páthos*), «sufrimiento».

La preposición del amor es «en», propia del complemento circunstancial de lugar, presencia no física, sino sentimental.

Estar en el mismo dolor, al igual que en la misma felicidad.

Más allá de cualquier valoración, de cualquier recriminación o juicio personal, propios, por el contrario, del sentimiento de simpatía, συμπάθεια (*sympátheia*), «sufrir con», juntos, sí, pero no unidos por un mismo dolor; o de su contrario, del de antipatía.

En el teatro griego la ἐμπάθεια era lo que unía al autor con su público. Una tragedia o una comedia eran consideradas excelentes solo si el escritor y el espectador estaban dentro del mismo llanto o de la misma carcajada, aliados verticales de alegría y de dolor, no compañeros horizontales del mismo espectáculo.

El concepto de «empatía», que se corresponde con el alemán *Einfühlung*, fue estudiado en el siglo XIX por Robert Vischer, filósofo que, en sus reflexiones dentro del campo de la estética, vinculó la aptitud para participar en primera persona de las emociones ajenas, aun sin conocerlas, con otra de las palabras griegas más hermosas: la insuperable capacidad humana de imaginar, la fantasía: φαντασία (*phantasía*). Pues esto es lo que exige el raro arte de la empatía: estar en el dolor del otro sin haberlo experimentado, sin haberlo vivido en la propia piel. Y, sin embargo, sufrirlo como si fuera nuestro, imaginando —fantásticamente— que nos ha ocurrido a nosotros.

Cómodo, demasiado cómodo es abrazar a alguien que llora por un sufrimiento que ignoramos y, alegrándonos en secreto por el hecho de ignorarlo, decir: «Por fortuna no me ha pasado a mí». Estamos presentes con el cuerpo, desde luego, pero no siempre con el alma.

Difícil, porque duele, es, en cambio, acompañar a alguien en su recorrido dentro del dolor, pasando de ser espectadores a compañeros de viaje en un tormento que no nos pertenece, pero que, mediante la fantasía, hacemos nuestro, pensando: «Sufro como si me hubiera pasado a mí». Para eso sirve la fantasía, en el sentido griego: no para proyectar el futuro, sino para decidir formar parte del presente del otro.

Los argonautas lloraban a solas, lejos unos de otros, un mismo fracaso. Sin embargo, parecía que cada uno de ellos lloraba el dolor del otro.

Solo Medea, que, por parafrasear a Apollinaire, amaba con un amor nuevo, lloraba sola por un dolor nuevo.

Y allí mismo habrían perdido la vida todos ellos,
en el anonimato y desconocidos para los hombres que
    habitan esta tierra,
aun siendo los mejores de los héroes, sin haber llevado
    a término su empresa,
si cuando se consumían en su impotencia no se hubie-
    ran
compadecido de ellos la heroínas protectoras de Libia,
    caras a Atenea.

Era ya mediodía y los rayos del sol incendiaban la tierra. Jasón seguía llorando, a escondidas, debajo de su manto, cuando se le aparecieron las diosas del Sáhara, doncellas cubiertas con pieles de cabra desde el cuello hasta las caderas, que quedaban desnudas.

Visibles solo para él, el héroe no sabía si deliraba a causa de la sed o si aquellas divinidades le hablaban de verdad al oído y aligeraban su angustia con dulces palabras:

> Infeliz, ¿por qué te has dejado sumir así en la desesperación?
> Sabemos que marchasteis en busca del vellocino de oro. Lo sabemos todo
> de vuestras fatigas, de las empresas sobrehumanas
> que realizasteis en tierra y sobre las aguas, andando errantes por el mar.

Aquellas mujeres hermosísimas y altivas sintieron empatía por Jasón y sus desdichas, se pusieron en su lugar. Y ayudaron al héroe con un valiosísimo consejo, que, para ser comprendido, requería igual dosis de fantasía y de empatía. Le dijeron las siguientes palabras, antes de que su imagen se desvaneciera tal como había aparecido:

> ¡Pero ánimo! Basta de lamentarte y angustiarte.
> ¡Levántate y levanta a tus compañeros!
> [...]
> Dad a vuestra madre una compensación
> por lo que soportó llevándoos tanto tiempo en su seno.
> Solo así podréis regresar a vuestra sacrosanta Acaya.

Jasón se quedó al principio desconcertado, pues oscuro era el sentido de aquellas palabras; pero, enseguida, cubierto aún de arena y de lágrimas, recuperó las fuerzas, que de forma equivocada creía que había perdido.

Apolonio de Rodas cuenta que lanzó un potente grito, «como un león que ruge en el bosque buscando a su pareja». Y, antes de reunir a los argonautas y pedirles ayuda para interpretar el presagio y de volver por fin a casa, corrió a abrazar a Medea.

¡Cuántas veces, en caso de naufragio, necesitaríamos a alguien que se acercara a nosotros como las hermosas heroínas de Libia! «Αἱ δὲ σχεδὸν Αἰσονίδαο / ἔσταν, ἕλον δ᾽ ἀπὸ χερσὶ καρήατος ἠρέμα πέπλον», «ellas se situaron al lado del Esónida [Jasón, el hijo de Esón] / y con sus manos le quitaron el manto suavemente de la cabeza».

No hacen falta palabras y tampoco serían deseables. Basta con un ser humano que dé un paso hacia nosotros, con delicadeza, y que conozca el difícil arte de manejar el dolor. Alguien que sepa cogerlo entre sus manos por nosotros, que lo observe en todos sus detalles, que sepa soportar su peso, como si fuera una piedra apoyada un rato en su mesa. Alguien que sepa desarmarlo en silencio, alquimista del alma humana, que sepa volverlo a armar, que sepa poner otra vez en su sitio todas las piezas de nuestra persona hechas añicos y, después, recomponer nuestro dolor, sin palabras, únicamente «situándose a nuestro lado».

En la antigua lengua del mar, que casi solo habla griego, todas las naves son femeninas. Y no hay barco, ni siquiera hoy, que no lleve el nombre de una mujer, amada u odiada, a la que somos fieles o a la que traicionamos yendo por el mar.

En otro tiempo, el rostro de esa mujer iba tallado, esculpido con sabiduría artesanal en el casco. A partir del primer barco construido en el mundo. *Argo* era femenina y, bajo su proa, en la quilla, estaba tallado el rostro de Atenea, la diosa que, desde el día de su botadura, había protegido el viaje de los argonautas, unida a Jasón para siempre por un solo sentimiento: el de la gratitud.

Atenea, mujer, única y sola protectora de la ciudad más importante de Grecia, Atenas, que de ella tomó el nombre.

Como las naves destrozadas por una tempestad, encalladas en una marisma, desgarradas por algún escollo, también el cuerpo de los hombres y de muchas mujeres puede ser herido.

La nave, en cualquier caso, sigue navegando, sólida y segura, pero la cicatriz del casco permanecerá para siempre grabada, aunque invisible, oculta a las miradas, por hallarse sumergida en el agua del mar.

Igualmente invisible, inmerso bajo la piel, es lo que nuestros cuerpos intentan decir desesperados. Decir solo una palabra, tan difícil que los labios no son capaces de pronunciar.

¡Ayúdame!

Se halla oculta en los huesos que sobresalen, afilados como cuchillos, en un vestido veraniego de flores o en la lana estirada de los jerséis que usamos en invierno.

Está en el acto de introducir en la piel algo extraño, que no le pertenece y que enseguida rechaza, ya sea tinta o metal; por eso los tatuajes necesitan tiempo para curar la incisión infligida en la epidermis y los *piercings,* meses para que cicatrice el agujero hecho en la carne.

No es nuestro aspecto físico el que habla, sino lo que hacemos con él. Y, sobre todo, somos nosotros los que nunca hablamos de él, nosotros, que respondemos con una sonrisa: «Está bien, es que soy así», y las fotografías de cuando no éramos «así» las guardamos bajo llave en un cajón o las quemamos.

La excesiva delgadez, el desquiciado entrenamiento deportivo, la privación como norma y el sacrificio como premio. ¡Cuánto torturamos nuestro cuerpo para cambiarlo, cuánto lo doblegamos para hacerlo distinto de como es, cuánto lo descuidamos, abandonado aquí y allá, en el baño de una discoteca o en urgencias, si nuestra nave se hace pedazos! ¡Cuánto lo usamos para decir lo que no sabemos decir! Hasta ponernos malos.

La anorexia es el rechazo de la comida y, por tanto, de la vida.

Del griego ἀνορεξία (*anorexía*), término compuesto de la partícula privativa *an-* y *órexis*, «apetito», es la lúcida determinación de querer morir, porque ya no sentimos hambre de la vida.

No es el cuerpo el que ya no tiene hambre, es el alma.

Las tallas que tienden al cero una tras otra son solo un reflejo distorsionado, una señal de alarma casi siempre ignorada en esta modernidad en la que son tantos los que han confundido la estética con la salud. Demasiados los que están dispuestos a decir «te encuentro estupendamente en forma» —como paradoja para quien ha extraviado sus formas— o incluso «estás genial» a alguien que, en realidad, sufre.

Si el cuerpo habla o grita o llora, es siempre para pedir que le hagan caso. Así es como reclama, por medio de los huesos, la carne y los picos que sobresalen, que alguien encuentre las palabras necesarias para ayudar a la mente, primero, a comprender y, después, a expresar el desconocimiento del dolor que lleva dentro.

Solo que a menudo ese cuerpo enfermo se encuentra con alguien que ni siquiera le hace caso o que no tiene ganas de hablar.

He conocido a una chica afectada por ese mal del alma, la anorexia, que en estos momentos se ha hecho habitual a partir de una edad en la que todavía solo somos niños o niñas. Lo que me ha descubierto ha sido lo más conmovedor que jamás he escuchado; todavía hoy siento cariño y muchas ganas de cuidarla.

El deseo de ser guapa, delgada, de poder usar una talla 38, no tenía nada que ver, me decía. Se trataba del apetito por la vida, que ya no era capaz de sentir después de un luto, después de un dolor demasiado grande. Lo único que sentía eran miles y miles de kilómetros de soledad entre ella y los demás.

Mientras fingía que todo iba bien, mientras no decía nada de mí y vivía con un puñado de arroz al día, me sentía, por fin, fuerte, yo, que a los ojos de todo el mundo era tan frágil. El hambre no me dejaba nunca sola, me hacía mucha compañía.

Huesos y corazón no se reconocen en esta enfermedad, cuya finalidad es la supresión del yo y que, además, se manifiesta de muchas maneras, no solo en la mesa; la más evidente es el desamor, que raya en el desprecio mortal, hacia la persona que realmente somos.

Para reunir de nuevo esos huesos y ese corazón, se necesitan las palabras; todas las que no sabe decir o no puede decir quien sufre, porque ha sido enmudecido por el dolor.

Ese es el tipo de comida que buscan los que sufren de anorexia para volver a tener hambre del mundo: el amor. Esa es la carne de la que estamos hechos.

Más de una vez he intentado pedir que me dejaran hablar en público, abiertamente, de la anorexia. Y siempre me han dicho que no; es peligroso, hace demasiado daño, asusta, porque es «un tema desagradable», o, viceversa, porque «no hay nada que decir».

Creo que se equivocaban.

He intentado hacerlo torpemente ahora porque, en otro tiempo, esa muchacha fui yo.

Yo, que, ahora, cometo un error de teclado al escribir, un lapsus; una y otra vez escribo en el ordenador «amorexia», con la letra «m» de «amor».

Las heroínas de Libia se le aparecieron a Jasón como en un sueño.

La escena descrita en las *Argonáuticas* representa el *topos* de la escena homérica de la ayuda que llega a los hombres mediante la empatía.

Elementos característicos son el hecho de «situarse al lado» (no de frente, sino «junto a») del héroe de la visión que se aparece, la descripción tan vívida, su afectuosa y detallada exhortación al valor, su repentina desaparición. Y el protagonista, que inmediatamente se despierta, no del sueño, sino de su miedo, e inmediatamente corre a contar a sus compañeros lo que le han dicho.

La visión onírica griega hace las veces de una interpretación de todos nuestros sueños nocturnos, que a la mañana siguiente no somos capaces de recordar.

A menudo, estando muy despierta, tenía un sueño similar. Sucedía cuando me encontraba en Milán y, sin ninguna razón, me dirigía a los claustros de la Università Statale, donde había cursado mis estudios y donde me había licenciado. Columnas, pórticos y patios que deben de haber asistido a muchos acontecimientos y haber contemplado muchas vidas desde los tiempos de su construcción, realizada a mediados del siglo XV a instancias de Francesco Sforza, que quiso dotar a la ciudad de un hospital en pleno centro.

Paseando en silencio, confundiéndome con los estudiantes, pedía noticias de mi pasado, una y otra vez, a aquellos ladrillos, convencida de que me habían visto en el momento de naufragar, con el pelo teñido de color negro como el ala de cuervo para distanciarme lo más posible de la Andrea que yo era; de la que soy y he sido siempre. De aquel tiempo obstinado en que renegaba de mí recuerdo poco, han sobrevivido pocas fotografías, todos los compañeros de curso han desaparecido.

Los claustros siguen exactamente iguales, deslumbrados desde hace casi quinientos años por la luz del sol de Milán que se insinúa en ellos con fuerza, incluso cuando el cielo está gris. Era yo la que había cambiado; por fin me había curado. Yo, que soñaba con poder hablar, con poder acercarme, con suma delicadeza, a aquella muchachita delgadísima y huraña que cada mañana cruzaba el umbral del departamento de filología clásica.

He hecho realidad mi sueño homérico, no entre aquellas paredes milanesas que saben tanto de mí, sino abrazando a chicas de las que sabía poco o nada, conocidas en institutos de lejanas ciudades de Italia en las que nunca había estado.

Chicas que hoy son la chica que yo fui.

Y es a ellas a las que, por fin, he podido decir: «Estoy a tu lado, todo irá bien».

Los argonautas todavía se preguntaban entre sí, sin saber cómo interpretar el consejo de las heroínas líbicas. ¿Quién era la madre a la que, en medio del naufragio, tenían ahora que honrar?

Y, mira por dónde, tuvo lugar ante sus ojos el prodigio más grande: un corcel de pelaje blanco y crines de oro saltó sobre la arena y se enderezó sobre sus enormes patas. Y, de repente, entre relinchos, se lanzó al galope, «rápido como el viento».

Como siempre fue Peleo quien comprendió cuál era el consejo de las diosas, que habían enviado el caballo más hermoso del desierto para resolver todas sus dudas.

Ahora lo tengo por fin claro: nuestra madre no es otra más que la propia nave. Ella, en efecto, nos llevó en su vientre
continuamente y gime agobiada por terribles fatigas. Mas con fuerza inquebrantable carguémosla sobre nuestros hombros incansables y llevémosla al interior del terreno arenoso, por donde se lanzó el caballo de rápidos pies.

Y todos los argonautas se pusieron a dar saltos de alegría, aceptando al unísono el hecho de que la gratitud hacia *Argo* era la única solución posible para remediar su naufragio.

Πάθει μάθος (*páthei máthos*): «aprender del dolor».

Fue Esquilo en su tragedia *Agamenón* quien sentenció solo con estas dos palabras, convertidas en una máxima inmortal, el gran valor griego en el que se basa el heroísmo de los hombres. Es por medio del agotamiento, del dolor, como el ser humano madura el conocimiento de sí mismo y de sus posibilidades.

Potencialidades que, según el modo de pensar de los griegos, reflejaban la existencia de un orden perfecto e inmutable que rige el mundo, en el que todo hombre y toda mujer estaban obligados a dar prueba de sí mismos, para no traicionarse, para ser plenamente ellos mismos: felices. Felices por ser dueños de sí, felices por haberse conocido a sí mismos mediante el dolor.

Cinco siglos más tarde, Virgilio escribió en la *Eneida,* en los versos 126-129 del libro VI:

> [...] *Facilis descensus Averno:*
> *noctes atque dies patet atri ianua Ditis;*
> *sed revocare gradum superasque evadere ad auras,*
> *hoc opus, hic labor est.*

> [...] Bajar a los infiernos es fácil:
> de día y de noche están abiertas las puertas del antro
>   de Dite;
> pero volver a subir los escalones y ver de nuevo el cielo,
> ahí está el trabajo, ahí el esfuerzo.

¿Cuántas veces, a pesar de las dificultades, no nos hemos encontrado más pobres, sino más ricos, después de un naufragio? ¿No más débiles, sino más fuertes? ¿Más felices?, ¿como cuando ha pasado la borrasca y descubrimos en quién nos hemos convertido gracias al valor de no abandonar por nada del mundo nuestro barco?

En ese punto de las *Argonáuticas*, Apolonio de Rodas se queda sin palabras, conmovido por el valor que el amor había infundido a Jasón y a sus compañeros.

Abrumado, el poeta refiere lo que ha oído contar a las propias musas para que la gloria de los héroes no se pierda nunca en la memoria de los hombres y mujeres de todas las épocas.

> Este es el relato de las Musas, y yo lo canto, humilde
> servidor de las Piérides, tras oír este verídico rumor:
> vosotros, con mucho los más nobles hijos de reyes,
> con vuestra fuerza y vuestra virtud por las desiertas
>   dunas de Libia
> levantasteis a cuestas la nave y cuanto contenía car-
>   gándola
> sobre vuestros hombros y la transportasteis durante
>   doce
> días enteros y otras tantas noches.

En caso de caída, la verdadera victoria es volver a ponerse de pie.

En caso de naufragio, la salvación consiste en regresar por mar.

Los argonautas transportaron la nave *Argo* a través del desierto con el dolor, con el sudor y con las lágrimas.

Solo al amanecer del décimo tercer día «la descargaron de sus robustos hombros y la posaron en el mar».

UN PUERTO NUEVO

Con este manual no hemos querido enseñaros los principios de la navegación, ni mucho menos; pero os hemos ofrecido algunas historias y ejemplos reales para ayudaros a alcanzar la meta.

Ninguna tierra firme es tan impaciente que deba costaros la vida. Si las olas son demasiado altas, esperad. Al atracar en la playa, el capitán debe seguir hacia delante con todas sus fuerzas. Cuanto más se acerque a la orilla, menos posibilidades habrá de perder para siempre el barco.

Poco antes del amanecer, la nave *Argo* desplegó las velas ante el soplo de Céfiro y dejó atrás para siempre el desierto de Libia.

«Se alegraron los héroes» con la llegada de la brisa de Noto, un viento que conocían bien: era el aire de Grecia. El aire de casa.

Navegando desde el sudoeste en dirección nordeste, los argonautas divisaron la abrupta isla de Cárpatos, indicio de que Creta, «que en este mar sobrepasa a todas las demás islas», estaba cerca.

Sin embargo, de repente, al surgir el lucero de la tarde, la voz del viento se detuvo y se vieron obligados a arriar las velas.

Durante tres días avanzaron únicamente gracias a la fuerza de sus brazos y sostenidos por el deseo del regreso.

Por fin estaban a punto de desembarcar en Creta, agotados por la impaciencia, más que por la fatiga, cuando, a lo lejos, Talos, el gigante de bronce que custodiaba la isla, empezó a lanzar contra ellos grandes peñascos que arrancaba con sus manos de los promontorios.

Único superviviente de la estirpe que, según Hesíodo, databa de la edad de bronce, hijo de Zeus y Europa, Talos recorría tres veces al día la isla con sus pesados pies. Su cuerpo era en su totalidad de metal inquebrantable, excepto una vena escondida en el tendón debajo del tobillo, que estaba bien regada de sangre: de ella fluía su vida y de ella también dependía su muerte.

Pese a sentirse exhaustos, los héroes, presa del mayor espanto, alejaron al punto la nave de la costa y, sin duda, habrían huido de allí, dispuestos a soportar la sed y el agotamiento, si Medea no hubiera pronunciado estas palabras:

> ¡Escuchadme! Pues creo que yo sola abatiré para vosotros
> a ese hombre, quienquiera que sea, aunque sea de bronce
> todo su cuerpo, a menos que tenga vida eterna.

Los argonautas permanecieron mudos e incrédulos, preguntándose de qué forma aquella mujer, poco más grande que una flor, podría matar al gigante. Sin embargo, ella, cubriéndose las mejillas con su peplo del color de la púrpura, se había puesto ya en pie, orgullosa como una estatua, en el puente de la nave. Y Jasón la llevaba agarrada de la mano.

Fue mediante misteriosos conjuros cómo Medea aplacó a los espíritus que devoraban las almas de los seres humanos en el mar que rodea Creta, pero fue también con sus ojos con los que hechizó al gigante de bronce. Ojos clarísimos que despedían a un tiempo destellos de furia y amor, rabia y dolor.

Sería Horacio, siglos más tarde, quien definiera en su *Ars poetica* al personaje de Medea llamándola *ferox invictaque*, «feroz e inflexible».

Talos no logró sostener la fuerza que emanaba de los ojos de Medea. Confuso, mientras buscaba una piedra que tirarle encima, chocó, como un gigante convertido en un niño torpe, contra un saliente de la roca. Y se cortó justo en aquel tobillo tan frágil; de la vena cortada brotó sangre semejante a plomo fundido.

> Como en lo alto de los montes un gigantesco pino
> que los leñadores dejaron aún a medio cortar
> con sus veloces hachas cuando bajaron del bosque, y
> por la noche es sacudido primero por las ráfagas de
>   viento, y luego
> se precipita quebrado por su base, así aquel gigante
> tambaleándose de un lado a otro sobre sus pies infati-
>   gables,
> sin fuerza ya, cayó después a tierra con inmenso estré-
>   pito.

Fue así como, gracias a la magia de Medea, los argonautas atracaron aquella noche en Creta.

La concepción del tiempo según los antiguos griegos es la razón por la que me enamoré, siendo una chiquilla, de este pueblo y de su lengua. Y por la que no dejo nunca de amar el griego, de indagar en él, de hacerle preguntas a las que debo yo misma encontrar respuesta.

Como todos: frente a lo antiguo, podemos rodearnos —afortunadamente— de libros, de pensamientos, de esfuerzos y de grandes descubrimientos de quienes lo han estudiado antes que nosotros. Sin embargo, estaremos siempre solos, no con el griego, sino con la inmensidad de nosotros mismos que solo lo antiguo sabe ofrecernos; precipicio y vuelo al mismo tiempo.

Me afano por comprender lo que no comprendo y me alegro cuando, en cambio, me acerco un poco a la idea de mundo que tenían los griegos, que pasa por su concepción del tiempo, de la cual es indisociable.

Casi siempre, mis pasos inseguros se sustentan en la imaginación y en el asombro de la intuición más que en la lógica. El camino lo indica la voz de los autores griegos, todavía vivísima para mí.

Desde luego, la firmeza de los griegos a la hora de no concebir la vida como una sucesión de distintos acontecimientos dispuestos en orden cronológico —hoy, ayer, mañana, antes, ahora, después—, sino según los efectos que los acontecimientos provocan en nosotros, ha cambiado para siempre mi modo de pensar.

Mejor dicho, de pensarme.

Para lo que tiene que pasar y para los plazos de vencimiento, llegadas puntuales o con retraso, llevo una agenda y sé lo que haré y adónde iré mañana. En cuanto al pasado, derrocho, recuerdo y olvido las cosas; del futuro me cuido poco y, si no tengo más remedio que hacerlo, que sea con sorpresa, con festejos.

Vivo mi vida en el tiempo. Sin embargo, me vivo a mí misma fuera del tiempo o, mejor dicho, en un tiempo griego.

De todo lo sucedido indago los efectos, a cual más poderoso, que ha tenido sobre mí. Los recuerdos, en cambio, no tienen ningún poder, como no sea confundirme, halagarme, llevarme lejos de la realidad que era antes y que hoy soy.

Sé que no sonreiría de la misma manera, si no hubiera llorado tanto, y que no tendría la misma letra de adolescente perpetua, de no haber sido por aquellos años en los que dejé de escribir. Sé que seguiré viajando por el mundo, al haber perdido mis raíces, y que echaré otras nuevas en las personas que dará la casualidad que conozca y a las que, tal vez, ame, si soy capaz.

Todos estamos hechos de perfectos y, al mismo tiempo, somos cada vez, cada mañana y cada tarde, nuevos presentes.

Lo que somos es la consecuencia de todo lo que ha pasado antes, algo que, quizá, incluso hemos olvidado, pero que no deja nunca de revelársenos. Una luz cegadora que viene de dentro y no de fuera y que se refleja en gestos insospechables e inexplicables, tan valiosos porque nos hacen únicos en el mundo, inconfundibles e insustituibles; el hecho de mover las manos mientras hablamos, nuestros pasos, nuestra propia manera de hacer el amor.

Nuestro ser es un resultado que se renueva cada día, nuevo y, sin embargo, ya sucedido, cada vez que respiramos.

Somos siempre distintos, pero tenemos una razón fundamental para vivir como lo hacemos que solo nosotros podemos conocer y que difícilmente podremos decir a los demás, porque no la entenderían.

¡Nos cuesta ya tanto trabajo comprenderla nosotros! El tiempo se enrosca entre el presente y el pasado, nos confunde, y, sin embargo, es tan concreto que podemos verlo, incluso tocarlo.

Y, si se tiene de verdad valor, hay que poner el tiempo encima de la mesa y preguntarle a la cara: «Dime, ¿en quién me he convertido gracias a tu paso?». El heroísmo y el mayor dolor para los seres humanos están en el hecho de aceptar su respuesta.

Quien acumula recuerdos acumula tiempo pasado, se convierte en compilador, en archivero.

Quien protege el perfecto griego que ha sido y tiene el valor de vivir su presente, acumula conciencia. Es guardián de sí mismo.

El presente que vivimos hoy, ahora, en este momento, deriva del perfecto, síntesis y tabla periódica de lo que hemos sido.

Según el pensamiento griego, el futuro, pues, está a nuestras espaldas, pues sale del perfecto.

Viaja hacia poniente, el futuro es siempre atardecer y nunca amanecer.

El horizonte que vemos desde la popa de nuestra nave es lo que ha sido; la estela que dejamos detrás de nosotros, a proa, es lo que será.

¡Cuántas veces nos engañamos con todo lo contrario!

Un futuro no se puede vivir, ni se puede conocer. Nunca.

Puede temerse o desearse, podemos huir de él o correr a su encuentro, pero todo eso ocurre solo sobre la base de proyecciones, por falsas y erróneas que sean, de suposiciones fundadas en la experiencia de nuestro pasado.

Incluso los sondeos, a los que hoy se recurre para cualquier cosa porque se tiene miedo de todo, se basan en este principio. Mera estadística matemática y no humana, análisis de los comportamientos previos y de las declaraciones de intenciones, a menudo adulteradas.

Sin pasado, no podemos ni siquiera imaginar el futuro, porque no nos es dado saber nada más de nosotros.

Cuanta más vida vivimos, más amamos, más experimentamos, más sufrimos, más pasado se acumula ante nosotros, hasta perderlo de vista como un océano, destinado a convertirse en puerto.

De allí, de detrás de este hoy que pronto será ayer, llega el futuro, igual de inmenso.

Es Apolonio de Rodas quien, espantado, toma ahora la palabra.

Por primera vez en todas las *Argonáuticas*, a un puñado de versos antes del final, el poeta alude a los terribles poderes de Medea, que serán el hilo narrativo de uno de los mitos más perturbadores de la historia del hombre.

Padre Zeus, en verdad agita mi espíritu una gran inquietud,
si pienso que la muerte no llega solo por vía de enfermedades
o de heridas. También, por cierto, alguien puede dañarnos de lejos.
Así este [Talos], aun siendo de bronce, sucumbió abatido
por el poder de Medea, experta en venenos.

Un día Jasón sería alcanzado por la tragedia que, en este punto de la historia de aquellos dos muchachos de viaje, solo sabemos nosotros, gracias a la literatura, pues conocemos la obra maestra de Eurípides y las de todos los que después de él vinieron.

Después.

No ahora.

Aquel día terrible, quizá, Jasón pudo recordar esta primera ocasión en que se reveló Medea; o quizá la hubiera olvidado.

Quién sabe. De esa tragedia Jasón es el motor, sin duda, el cómplice, y el que traicionó a esa mujer.

Sin embargo, nada de eso importa.

No ahora. No a nosotros.

Ese futuro que Jasón no puede ni tan siquiera imaginar no provoca ningún efecto sobre él, está a sus espaldas, no puede verlo; y tampoco sobre los argonautas, que están tan agradecidos a Medea por encontrarse al fin en tierra griega que no hacen ninguna pregunta.

Jasón y Medea son ahora dos enamorados impacientes por volver a casa para vivir su amor. Como todos nosotros, cuando oscurece por la tarde.

Por eso, quien vive siempre vuelto hacia el ayer o hacia el mañana pierde continuamente un día del calendario.

Y, en definitiva, se pierde a sí mismo, al vivir en diferido, con *jet lag* austral. Descuida el presente, el único tiempo en el que le es dado decidir su vida y, sobre todo, el único tiempo en el que puede elegir ser feliz.

Descubrir en quiénes nos hemos convertido al final de nuestro viaje interior da miedo.

Mucho, muchísimo. Humano.

¡Cuántas certezas desvanecidas, cuántos defectos desvelados, cuántas fuerzas recuperadas!

Sobre todo, ¡cuánto caos por descifrar, cuántas nuevas lágrimas y nuevas sonrisas que dejar aflorar!

Los argonautas sintieron desconcierto en cuanto dejaron la isla de Creta y emprendieron, al fin, la ruta segura hacia el puerto de Yolco, llamado Págasas.

Al punto [...]
los atemorizó una especie de noche, que llaman sepulcral,
noche funesta que no traspasan ni las estrellas ni los
   rayos
de la luna, negro hueco caído del cielo
o tiniebla surgida de los recónditos abismos.

Como la noche que de repente se precipita sobre la nave *Argo*, también las palabras del poeta se vuelven oscuras. Enigmático es el fenómeno meteorológico que narra, «una especie de» niebla negra que se abate sobre el barco y que proviene de los abismos de la tierra o de las cimas del cielo, no está claro.

Los héroes «no sabían si eran arrastrados por el Hades o sobre las aguas». Iban a la deriva, habían abandonado la nave a las corrientes, impotentes y aterrorizados, arrojados de nuevo a tierra, empequeñecidos. Y se dejaban llevar por un antiguo llanto.

Χάος (*cháos*), así llama Apolonio de Rodas a aquella oscuridad absoluta, científicamente inexplicable, pero muy humana. Es la misma confusión, ese revoltijo de alegría y de miedo que sentimos al término de cualquier viaje, pero que, después de mil aventuras y dificultades, estamos obligados a desenredar para descifrar lo que sentimos a la llegada a nuestro nuevo puerto.

No debemos cortar nunca el hilo que nos une a nuestras emociones, sobre todo cuando estas son «fantásticas», la voz media que más amo: tan extraordinarias que pueden llegar a turbar.

Sabemos qué sucede cuando las pacientes parcas dejan de anudar el hilo de nuestra vida y lo cortan en seco: la muerte. De la misma manera, quien deja de tener sentimientos y reniega del imperativo griego de la felicidad muere cada día que vive.

La vida me ha enseñado que, a veces, es bueno tener miedo; y, sobre todo, sano. Me decepciona siempre quien dice: «A mí ya no me sorprende nada». El miedo es ese temblor que impulsa a reconsiderarlo todo, a mezclar las cartas, a reinventarnos de nuevo.

Todos sentimos miedo cuando logramos hacer reales y, por tanto, presentes nuestros sueños. Es la palpitación de la llegada, como cuando un avión toca tierra y nos aguarda un continente que no conocemos o un padre al que abrazar después de mucho tiempo. Es la sorpresa de haberlo conseguido de verdad, solos, y de habernos hecho adultos; de poder decir por fin: «Me ha pasado de verdad, sí, a mí». El estremecimiento de reconocer que hemos seguido siendo fieles a nosotros mismos; que tenemos muchas gracias que dar y que somos nosotros los primeros a los que tenemos que dárselas.

Una maravilla capaz de hacer temblar el pulso y el corazón.

Ese es el paso más difícil de todos.

El que guía nuestro pie y hace que este toque tierra después de haber recorrido todo ese mar.

En las lenguas antiguas la palabra «puerto» no significaba fin, llegada, destino final. Y, por tanto, rendición, alivio, pausa.

Es más, en latín, *portus* equivalía a «umbral», «pasaje», «paso», de la misma raíz indoeuropea **per-/*por-* de la que deriva, por ejemplo, la palabra «fiordo» y, sobre todo, nuestro verbo «portar» (= «llevar, traer»), que significaba «hacer pasar» y «llevar a puerto».

En griego antiguo encontramos las palabras πορθμός (*porthmós*), «estrecho», πορθμεία (*porthmeía*), «transbordo», el verbo πορεύω (*poréuō*), «atravesar», y πόρος (*póros*), «abertura», «rendija», «brecha», como los poros de nuestra piel, por los que, de manera invisible, se liberan al aire las fatigas de nuestras derrotas y de nuestras victorias.

La parte más difícil del viaje no es zarpar, sino atracar en nosotros mismos, porque debemos descubrir qué esconde esa brecha que el mar ha abierto para siempre dentro de nosotros y que nunca más podremos volver a cerrar ni ignorar.

Jasón se recuperó de su extravío y calmó su corazón perturbado: aquella noche de desorden estaba solo en su interior, nada más. Fuera, el cielo se reflejaba sereno en el mar.

Volvió los ojos al cielo e imploró a los dioses que le concedieran el regreso.

Al punto las tinieblas se disiparon, el sol volvió a resplandecer y la nave *Argo* pudo reemprender el viaje a casa. Y «desde allí en un vuelo dejaron tras de sí la inmensidad de las olas».

En la *Teogonía*, el poema que narra la genealogía de los dioses griegos, Hesíodo escribió: «Ἦ τοι μὲν πρώτιστα Χάος γένετ᾽[ο]»: «Al principio fue el Caos». Vinieron después Gea, la Tierra que se levanta desde el Olimpo hasta el Cielo, y Tártaro, las profundidades subterráneas que llegan hasta el Hades.

Sin embargo, en el momento exacto en el que fue creado el mundo, justo después del Cielo y de la Tierra, antes que cualquier otra divinidad, nació Eros, el amor, «señor del corazón de todos los hombres y de todos los dioses, que da sabios consejos».

Solo gracias a Eros Jasón había vencido a su Caos; ahora estaba listo para atracar en el puerto de Yolco, desde el que había zarpado seis meses antes. Ante sí divisaba su pasado de muchacho inexperto del mar y de la tierra, ignorante del amor. Volvió, con orgullo, la espalda a cualquier futuro posible, porque, a su lado, en su presente, con su mano entre las suyas, la tenía a ella, a Medea.

Un hombre y una mujer que regresan a casa para vivirse uno a otro.

El valor de zarpar los había convertido en héroes.

El amor había sido su meta, que no es nunca llegada, ni destino, sino siempre punto de inflexión.

Ἔρως (*érōs*) es lo mismo que ἥρως (*hḗrōs*), decía Platón, «amor» es lo mismo que «héroe». Por consiguiente, ἡρωικός (*hērōikós*) es lo mismo que ἐρωτικός (*erōtikós*). Heroico es lo mismo que erótico; lo mismo que enamorado.

En esta contemporaneidad cobarde, en la que cada impulso es vivido como algo vano, o incluso peligroso, y todo se arrastra en gestos pasajeros, en acciones olvidables y en cosas de poca valía, es hacia el heroísmo griego hacia lo que Medea y Jasón nos invitan a dirigir nuestra mirada.

Un heroísmo a la medida del ser humano y de su valor para amar.

Un heroísmo que no solo hace posible, sino obligatorio, ser feliz o, mejor dicho, ἀσπάσιος (*aspásios*), estar «lleno de alegría».

Esa es la medida de los héroes.

¡Seme propicia, estirpe de los héroes bienaventurados!
 ¡Y que estos cantos
sean año tras año más dulces de cantar
para los hombres! Pues llego ya al término glorioso
de vuestros trabajos, porque no tuvisteis que enfrentaros
a ninguna otra prueba desde que volvisteis a zarpar de
 Egina,
ni contra vosotros se levantaron más tempestades de
 vientos.
Antes bien, tras rebasar tranquilamente la tierra Cecropia y Áulide,
entre la costa del continente y Eubea, y luego las ciudades de los locrios de Opunte,
desembarcasteis llenos de alegría en las playas de Págasas.

Que el canto de los argonautas, dos mil años después del deseo de buen augurio expresado por Apolonio de Rodas, sea siempre más dulce para nosotros.

Para nosotros, tan humanos, tan grandes, tan heroicos.

En el 334 a. C., el caudillo macedonio Alejandro
Magno, conquistada ya Grecia, desembarcó en Asia
dispuesto a desafiar y a someter a los persas, culpa-
bles de haber saqueado Atenas y hasta de haber in-
cendiado la Acrópolis.

Tras dejar una guarnición en Macedonia, Alejandro zarpó al frente de treinta mil soldados de infantería y cinco mil jinetes. Cruzó el Helesponto y enseguida se encontró con el ejército de Darío III en el
paso del río Granico, cerca de la antigua Troya.

Dotado de un extraordinario talento militar, aunque de un ejército numéricamente inferior, Alejandro ganó la batalla atacando la formación persa por
el centro; cuando los soldados de infantería vieron cómo el centro de su ejército se desintegraba,
salieron corriendo aterrorizados.

Después de esta victoria, su ejército pudo seguir
hacia delante e internarse en Jonia, donde las pobla-
ciones griegas le rindieron grandes honores y lo cele-
braron con magníficas fiestas.

Sin embargo, cuando en noviembre del 333 a. C.
llegó a Anatolia meridional, cerca de la ciudad coste-
ra de Iso (Cilicia), encajonada en un estrecho golfo,
Alejandro se vio enfrentado a todo el ejército persa,

dispuesto a entablar batalla y decidido a cortarle el paso e impedirle subir hacia el país de los fenicios.

Los soldados macedonios se sintieron aterrorizados y sobre las tropas se abatió un sombrío silencio; estaban seguros de que aquel encuentro iba a significar su muerte y que aquel mar iba a ser su tumba. Una rápida retirada era la única posibilidad en la que osaban depositar sus esperanzas.

Llorando, en vez de prepararse para la batalla, se pusieron a situar meticulosamente las naves a lo largo del golfo para poder escapar cuanto antes.

Según cierta leyenda transmitida durante siglos de boca en boca (e inspirada, quizá, en lo que en verdad sucedió al conquistador español Hernán Cortés en 1519, cuando desembarcó en América central), Alejandro observó la escena desde lejos sin dar ninguna orden. Al término de las maniobras navales se levantó, cogió de la playa toda la leña que pudo y le prendió fuego hasta convertirla en una inmensa antorcha ardiente.

Ante la atenta mirada de sus soldados, finalmente el caudillo la lanzó sobre su propia flota, que, al cabo de poco tiempo, quedó reducida a cenizas.

Todos fueron presa de la más absoluta incredulidad, hasta el punto de no saber qué hacer, ni qué decir.

Fue en ese momento cuando el gran caudillo habló: «Nosotros no nos echaremos atrás. Nosotros, no. Nuestros barcos ya no nos sirven de nada. Nuestro destino es uno solo: vencer y volver a casa con las naves del enemigo. Y así será».

Y, en efecto, vencieron.

Darío III se vio superado por el espíritu guerrero de los macedonios y abandonó el escudo en el campo de batalla, gesto que significaba la máxima y más penosa rendición, y salió huyendo para salvar la vida. En su cobardía dejó a su hermano que siguiera luchando y pereciera en lugar de él.

Así pues, a bordo de los barcos de los persas, tras cambiar la bandera, los soldados de Alejandro Magno reemprendieron el viaje de conquista hacia el desconocido Oriente.

Una de las representaciones con más fuerza (y más sobrecogedoras) de la batalla de Iso se conserva en el mosaico encontrado en Pompeya, en la Casa del Fauno, expuesto hoy en el Museo Arqueológico Nacional de Nápoles.

Entre el millón y pico de teselas que lo componen, puede captarse todavía la mirada, ardiente como el fuego, de Alejandro, que no da ni un paso atrás, sino que, orgulloso, avanza contra los enemigos montado en Bucéfalo, su fiel caballo.

Detrás de él no se ve ninguna nave.

«Desear», del latín *desidero*, formado por *de-*, preposición que indica separación y, por tanto, pérdida, y por *sidera*, «estrellas». Literalmente, clavar la mirada en una cosa o persona que no se posee, pero que atrae y se anhela. Justo como, desde hace miles de años, clavamos los ojos por la noche en los jeroglíficos de las estrellas, en la perpetua búsqueda de algo más grande que nosotros.

Los argonautas nos enseñan que, viajando, el deseo es un arma invisible y, sin embargo, invencible. Quien sabe desear se eleva hasta las estrellas, con la mirada siempre vuelta hacia la inmensidad del cielo y nunca hacia la pequeñez de los dedos de sus pies.

Y solo quien sabe desear sabe también viajar.

La posibilidad de llegar a buen puerto es directamente proporcional a la fuerza de desear esa llegada; y a la insistencia en no dejar nunca de sentir la ausencia y, por tanto, la añoranza, la necesidad visceral de alcanzar la meta sin aceptar cualquier escapatoria que podamos encontrar durante la navegación.

Quien pretenda traspasar el umbral para atracar en su interior debe estar irremediablemente dispuesto a quemar las naves tras de sí, como hizo Alejandro Magno. Su ejército era más pequeño que el del enemigo, pero su deseo era mucho más grande; esa fue su fuerza.

Todo crecimiento humano comporta el gesto de cortar los puentes detrás de nosotros; no de cortar con quien hemos sido hasta ese momento, ni con la persona a la que hemos amado hasta ese momento, sino con nuestras incertidumbres, con nuestros remordimientos, con nuestros miles de coartadas, todas verosímiles y todas igual de superfluas.

Un viaje es tal solo si no admite cobardías, ni retiradas; de lo contrario se trata de una excursión, con la mirada puesta en el suelo y no en lo desconocido, que nos identifica siempre, como lo son las estrellas. Y una elección es, en verdad, tal si no prevé opciones, apaños o paracaídas.

Desde luego, es más fácil avanzar, ya sea por mar o en la vida, si vamos provistos de un plan B, o C, en muchos casos, o incluso D, hasta llegar a la Z. Sin embargo, de este modo, la tentación de renunciar ante la primera dificultad resultará difícil de soportar y la capitulación, oportuna. Podríamos, de todas formas, decir a los demás, incluso a los que nos han animado de verdad: «Las cosas han salido así» o: «En el fondo no me importaba tanto».

Sin embargo, a nosotros mismos no, no podremos engañarnos: lo cierto es que ha sido difícil y que no lo hemos deseado lo suficiente.

Auténticos cobardes, hemos abandonado nuestro barco, como Darío abandonó su escudo.

Y no desean lo suficiente los que, por un exceso de miedo a caminar, juegan a dos bandas, o a tres, o a siete. Están de acuerdo en todo con todo el mundo para no ofender a nadie, no se decantan nunca por nada por temor a perder quién sabe qué ocasión. Al final, a fuerza de complacer a todo el mundo por el miedo a perder, ya no recuerdan qué sueñan, qué piensan; ni siquiera cómo se llaman.

¡Y cuántos se encienden, cada día, por una idea distinta y, por la noche, se apagan, eternas bombillas de bajo consumo, con el único objeto de ahorrarse a sí mismos! Ahora creen que quieren una cosa, luego otra, al día siguiente, otra distinta; pero, al final, resulta que la idea, por acertada o equivocada que sea, no va nunca más allá de la mera fase de inspiración. Y, casi siempre, del sofá.

Poned atención: esas personas indecisas están siempre cansadísimas, casi siempre medio griposas o aquejadas de achaques desconocidos; sin duda, se encuentran agotadas por una alimentación insuficiente o por la falta de determinación a la hora de cambiar de vida.

Los argonautas cargaron la nave sobre sus hombros durante doce días por el desierto con tal de volver a casa.

¿A la hora de desear, adónde ha ido a parar nuestro coraje? «Coraje», palabra que no viene de la cabeza, sino del «corazón», como la propia palabra indica.

¿A qué altura se sitúan las estrellas que anhelamos hoy y cuán grandes son los sueños que expresamos, si vemos caer alguna de ellas? La elección de nuestra medida nos es confiada solo a nosotros.

Los griegos son, tal vez, el pueblo que más ha deseado a lo grande y que ha realizado las cosas más grandes. A las constelaciones siempre supieron darles un nombre tomado del mito.

La dedicada al amor de Jasón y Medea se llama «Aries», carnero, como el carnero alado del vellocino de oro. Sus coordenadas en el mapa celeste son 03 00 00, +20º 00'00", todavía más al norte que la inmensa constelación de Ceto, la ballena de los mares.

Las estrellas de los argonautas no se divisan en nuestro cielo estival; los astros solo son visibles, a partir de septiembre, durante todo el otoño y todo el invierno, hasta el mes de marzo.

Tres mil años después del viaje de la nave *Argo*, vivimos inmersos en una especie de Rincón del Vago colectivo: en definitiva, no somos más que la versión aligerada, simplificada, sintetizada de nosotros mismos.

La única obligación es no arriesgar nunca. No quemar ninguna nave, sino acumularlas todas, una encima de otra, no sea que vayan a sernos útiles en algún momento, no sea que tengamos que soltarlo todo y salir corriendo.

Miramos todavía a las estrellas, pero ya no sabemos orientarnos en la inmensidad que somos; encontrar nuestro lugar en el mundo. Y a las constelaciones hemos dejado de darles los nombres de nuestras historias.

Llegar a la meta exige insistir y, sobre todo, no admitir que acaso podamos fracasar.

Mucha preparación, pero también una buena dosis de atrevida ingenuidad, como cuando Jasón fue el primer hombre de la literatura griega que se echó al mar; y no era más que un muchacho.

Resulta fundamental no olvidar nunca, como intuyó Alejandro Magno, que a menudo la victoria se debe a una brasa. La brasa con la que tenemos la obligación de prender fuego a nuestros miedos, a nuestras vacilaciones, a nuestras dudas, para dejarlo todo por fin a nuestras espaldas. Incluidas las naves que nos mantienen clavados en tierra, en vez de llevarnos lejos.

«Cualquier madero capaz de navegar.»

Esta es la primera definición de «nave», una de las palabras más antiguas del mundo, que, además, ha marcado para siempre la historia de los pueblos. Su raíz indoeuropea se ha perdido, pero reaparece idéntica en todas las lenguas que han venido después. En antiguo persa ese «madero» se llamaba *navi*, en sánscrito, *naus*, en armenio, *nav*, y, más allá, en el polo opuesto del mundo conocido, en la Irlanda más antigua, se decía *nau*, y, en Germania, *nawa*.

En latín encontramos *navis*, pero en la palabra griega ναῦς (*naûs*) y en su irregularísima declinación (casi desesperante por lo contracta que es) es donde vemos todas las incertidumbres, los sobresaltos, las fatigas que el acto de zarpar ha suscitado siempre en el corazón de los seres humanos.

El canto II de la *Ilíada* contiene, encerrados entre dos invocaciones a los dioses, más de doscientos versos completamente ajenos a la narración del poema. Toda la vida esos versos (II, 494-759) se han llamado νεῶν κατάλογος (*neōn katálogos*), esto es, el celebérrimo catálogo de las naves (como largo es el catálogo de filólogos clásicos de todas las épocas que han perdido el juicio con él).

Se trata de la lista, precisa y absoluta, del ejército aqueo llegado por mar a Troya; se citan los nombres de los comandantes de los distintos contingentes, su lugar de procedencia y la ascendencia de cada uno, entre epítetos y mitos, así como el número de sus naves. Incluso algunos de los argonautas y muchos de sus hijos forman gloriosamente parte de él.

A continuación de esta lista, viene una más breve dedicada al catálogo de las naves troyanas y de sus aliados.

Lo que choca y fascina tanto es que Homero decidiera presentar así a los héroes destinados a hacer historia bajo los muros de Troya: por medio de los maderos en los que viajaron.

El catálogo de las naves se corresponde exactamente con el índice completo de los personajes de la *Ilíada* y de la *Odisea* y de los de casi toda la literatura griega posterior. Es aquí donde aprendemos los nombres de Menelao, de Ulises, de Agamenón, de Néstor y de Áyax, así como de todos los demás guerreros.

Inseparables de los héroes son las embarcaciones en las que fueron por mar en busca de su primera presentación a todo el mundo. No solo porque sus naves son todo lo que tienen, sino porque, de hecho, son todo lo que son. Barcos que, en Troya, son su única casa y, al mismo tiempo, la única posibilidad de regresar un día a casa.

El resultado es espectacular: Homero enumera veintinueve contingentes marítimos capitaneados por cuarenta y seis comandantes, con un total de 1.186 naves. Y, si aceptamos la media de 120 hombres por nave, basada en el número de los soldados beocios, llegamos a un total de 142.320 soldados de 164 lugares distintos de la antigua Grecia.

Si hoy pudiéramos observar desde lo alto a aquella multitud de naves y de héroes que desembarcaron en la playa de Troya, tendríamos el mapa más hermoso realizado en el mundo de lo que en otro tiempo debió de significar «ser verdaderamente griegos».

Antes de aquella muchedumbre de héroes, solo los argonautas habían surcado el mar.

El catálogo de las naves de las *Argonáuticas* se efectúa de forma rápida: una sola. *Argo*. La primera nave construida en el mundo, la primera nave de la historia que zarpó de un puerto humano.

Y no fue por una guerra, sino solo por amor.

El viaje de los argonautas siempre ha hechizado seres humanos de todas las épocas, desde la Edad Media hasta la actualidad.

Como sinónimo de equipo, de solidaridad y de cohesión entre amigos, el término «argonauta» aparece una y otra vez en la historia desde 1382, cuando surgió en Nápoles una orden secreta y anárquica de revolucionarios que se hacían llamar los Argonautas de San Nicolás. Tuvo una vida breve, pero, desde luego, intensa.

La conferencia de Yalta de 1945, que puso fin a la Segunda Guerra Mundial, fue denominada, al principio, Conferencia de los Argonautas.

Y ahora hablemos de deportes, tema del que no sé casi nada, salvo que los Toronto Argonauts son el club de fútbol con el nombre originario más antiguo de la historia de los equipos profesionales del norte de América: fue acuñado en 1873 y no se ha cambiado nunca (a partir de hoy me convertiré en una de sus hinchas).

En el ámbito naval, han sido cuatro los barcos pertenecientes a la Royal Army llamados *Argonauts*, el primero de ellos botado en 1782 y el último en 1993.

La flota francesa, por su parte, se jactaba de haber tenido tres cruceros militares dedicados a los citados héroes, que surcaron los mares del mundo de 1794 a 1910.

Innumerables son los cargueros y los buques que, en estos momentos, atraviesan los mares de cualquier sur en dirección hacia cualquier norte del mundo que llevan en la proa, pintado con un color que no teme a la sal, el nombre de la nave en la que, en otro tiempo, Jasón y Medea viajaron.

Por último, uno de los primeros submarinos de la historia, proyectado por el ingeniero estadounidense Simon Lake, fue bautizado con el nombre de *Argonaut* en honor de la primera nave *Argo*, como muchos otros fabricados después.

Desde 1919, cuando fue botado en los astilleros de Filadelfia, un carguero como tantos otros navegaba de un extremo a otro del Atlántico transportando mercancías.

A lo largo de los años, el casco negro y marfil cambió de nombre y de color muchas veces según la compañía de transportes internacionales para la cual surcaba los océanos.

En la primavera de 1941, el barco en cuestión, llamado finalmente *Robin Moor*, transportaba, por cuenta de la Seas Shipping Co., de Nueva York, un cargamento comercial de mercancías (según dijeron las autoridades) en dirección a Mozambique para doblar el cabo de Buena Esperanza.

Además de cuatrocientos cincuenta automóviles, de raíles destinados a los flamantes ferrocarriles del Nuevo Mundo, de herramientas, de maquinaria agrícola, de casi doscientos veinte mil litros de lubricante en barriles, de pólvora y de escopetas de caza, el *Robin Moor* transportaba también a cuarenta y seis seres humanos: nueve oficiales, veintinueve miembros de la tripulación y ocho míseros civiles que no podían pagar la tarifa prevista para viajar en una tercera o cuarta clase mucho más cómoda en cualquier barco de pasajeros.

Aunque en aquella ocasión, en plena Segunda Guerra Mundial, enarbolara la bandera de un Estado neutral, el *Robin Moor* fue alcanzado el 21 de mayo de 1941 por un submarino alemán, clasificado como U-69, a 750 millas marítimas del puerto inglés de Freetown, en Sierra Leona.

Los soldados alemanes se incautaron de las armas que había en la bodega y, tras retener como rehenes a los pasajeros durante todo un día, abandonaron la nave torpedeada a su suerte en alta mar.

Aun así, no tuvieron inconveniente en lanzar a los supervivientes —por una de esas ironías de la vida que todos conocemos y que solo nos hace sonreír *a posteriori*— cuatro paquetes de pan negro y dos latas de mantequilla.

A todos los testigos presenciales se les prohibió comunicar la posición exacta de la embarcación. La finalidad era que lo sucedido se viera rebajado a la categoría de naufragio. Algo que puede pasar cuando se navega por el mar, ¿no?

Así pues, tras veintidós años de plácida y tranquila navegación, de transportar en sus bodegas tractores y vino, fruta tropical y café tostado y trajes confeccionados en París, en menos de veinticuatro horas el *Robin Moor* se hundía a la altura del trópico de Cáncer.

No quedaba más remedio; para todos los que iban a bordo había llegado el inaplazable momento de abandonar el barco.

El capitán, W. E. Myers, junto con el resto de los pasajeros, lanzó al agua los cuatro botes salvavidas de que disponía el carguero.

En primer lugar, el capitán amarró los botes, como si, desesperado, quisiera restituir la estabilidad del *Robin Moor*: con cuatro cascarones atados unos a otros a modo de barca, pretendía alcanzar las costas de Brasil, esto es, surcar la otra mitad del Atlántico.

Esta estrategia, desde luego, no funcionó: el 26 de mayo los náufragos se apretaron de cualquier manera en solo dos botes y se abandonaron a las corrientes del mar abierto.

No se conocía ninguna ruta de navegación; no se esperaba ningún rescate, ni se hallaba ningún puerto en un radio de miles de millas marítimas.

El 8 de junio, al cabo de dieciocho días en medio del mar, el bote salvavidas, a bordo del cual iban el capitán Myers y otros diez miembros de la tripulación, fue avistado por el buque mercante brasileño *Osório* y los supervivientes fueron trasladados al puerto de Pernambuco.

Interrogados sobre las posibilidades de encontrar el otro bote que había sobrevivido a la catástrofe, todos permanecieron en silencio mirando la superficie lisa del mar.

De hecho, el *Robin Moor* había sido dado por perdido en todo el mundo. Tocado y hundido.

Al día siguiente, *The New York Times* publicaba el siguiente titular: «No hay casi ninguna esperanza de encontrar a los demás supervivientes del naufragio».

El 13 de junio dos granjeros de Connecticut comunicaron a la marina militar estadounidense que habían escuchado por la radio que un submarino había atracado en un puerto italiano con ocho supervivientes a bordo. Noticia que, sin embargo, resultó ser falsa.

Todos los náufragos habían sido dados ya por desaparecidos. Las operaciones de búsqueda fueron suspendidas y, en tierra, empezaron a lamentar su pérdida.

El 18 de junio de 1941 el carguero *City of Wellington* hizo escala en Sudáfrica.

Además de su cargamento, tocaron tierra también los treinta y cinco supervivientes que faltaban. Todos los periódicos del mundo hablaron de milagro; la tripulación al completo y todos los pasajeros del *Robin Moor*, alcanzado por un misil y hundido el 22 de mayo en medio del Atlántico, estaban vivos.

Apenas un año después de aquel naufragio, en junio de 1942, el tercer oficial del buque *Robin Moor*, John J. Banigan, junto con el escritor Phil Richards, publicó el manual *How to Abandon Ship* para la editorial neoyorquina Cornell Maritime Press.

En el libro, en el que se incluyen algunas fotografías tomadas durante el viaje por mar del bote salvavidas y muchísimos dibujos, Banigan solo hace referencia de pasada a su experiencia como superviviente; esta ni siquiera parece interesarle.

Lo que, en realidad, desea es contar exactamente cómo, cuándo y por qué resulta necesario abandonar el barco para sobrevivir.

Los breves capítulos del libro, a diferencia de lo que cabría esperar, no tienen ningún tono catastrófico. Oportunos e incisivos, recuerdan cuán importante es mantener un estado de ánimo sereno en alta mar, distinguir la verdadera sed de la falsa, que se llama «miedo» o «añoranza», tocar música o beber un traguito de whisky para fortalecer los ánimos, rodearse de amigos, aunque solo sea con el pensamiento.

Sobre todo, el náufrago y autor del breve manual sabe describir con extrema precisión el momento más difícil: dejarse caer —literalmente, *swinging out*, como una balada de jazz— fuera del barco y de las propias certezas.

Con un imperativo categórico: no mirar nunca atrás, resistir siempre la tentación de dar media vuelta y de subir otra vez a bordo, no recoger ningún objeto que haya logrado sobrevivir y salir a flote.

La contracubierta de la edición de 1942 dice así:

Escrito por dos hombres que sobrevivieron a un desastre. *How to Abandon Ship* recoge sus experiencias y las de más de cincuenta supervivientes de un naufragio.

El libro explica, con un lenguaje sencillo y claro, cómo lanzar a mar abierto un bote salvavidas y cómo alejarse para siempre de un barco que se hunde.

Dice lo que hay que hacer, si vuestra nave es alcanzada por un proyectil, cómo sobrevivir al frío, al hambre, a la sed, a las tempestades y a las heridas.

Se trata de un libro único. Muy práctico y deslumbrante, no escrito por ingenieros expertos de la Armada, sino por dos náufragos que tienen un único objetivo: salvaros la vida.

De lectura obligada para todos los hombres y mujeres que deban o quieran abandonar un barco.

El librito, con una delicada cubierta que representa una nave púrpura que se hunde en un mar y un cielo de color azul claro, logró vender en un solo año varios miles de copias y se realizaron más de diez reediciones. En resumen, un verdadero e inesperado éxito editorial.

No debe olvidarse que, durante la década de 1940, eran poquísimos los que podían permitirse realizar un vuelo desde este lado del océano o desde el otro; por lo que un manual de supervivencia podía resultar útil (al igual que todos esos libros de autoayuda que abarrotan hoy las librerías).

Pero ¿realmente todos los lectores de ese manual aspiraban a ser marineros de buques de carga con el objetivo de abrir una floreciente actividad comercial de importación-exportación intercontinental? Y, es más, ¿en plena guerra?

¿O no eran sino lectores comunes y corrientes que no pondrían nunca los pies en un barco en toda su vida, más aún, que quizá ni siquiera habían visto nunca el mar, en definitiva, lectores como cualquiera de nosotros, aterrorizados por la idea de tener que abandonar el propio barco para salvarse de los particulares naufragios de la vida?

How to Abandon Ship viaja conmigo desde siempre, la cubierta original de 1942 está casi arrancada, por todas las maletas y los bolsos en los que ha sido guardado, y deslustrada por todas las mesillas en las que me ha esperado. También ahora, mientras escribo, está a mi lado, anuario cómplice y testigo mudo de todo lo que me ha sucedido desde la primera vez que lo vi.

> *Da mihi, si quid ea est, hebetantem pectora*
>   *Lethen,*
> *oblitus potero non tamen esse tui.*

> Entrégame a las aguas del Leteo, que
>   insensibilizan el corazón, si es que
>   existen.
> Aun así, no podré olvidarme de ti.

> (Ovidio, *Epistulae ex Ponto*
> *(Pónticas)*, libro IV, 17-18)

Tan orgullosa es, aunque capaz de hacer mucho daño, la nostalgia; es distinta de todo, única.

Ni siquiera las aguas de Lete, la mitológica fuente que es capaz de borrar del corazón, a quien bebe de ella, cualquier recuerdo y dar a cambio alivio y olvido, tienen poder sobre la nostalgia, como dice Ovidio.

El deseo de regresar a una casa, de volver a una persona, es, quizá, el sentimiento más apasionado que puede experimentar el alma humana.

La nostalgia es, ante todo, ausencia, falta de plenitud, quizá una sacudida en el estómago o un encogimiento del corazón.

Malestar físico y profunda tristeza. Eso significa la palabra, que parece griega, pero que no lo es; de hecho, no fue acuñada hasta 1688 por un estudiante de medicina que unió los términos griegos νόστος (*nóstos*), «regreso», y ἄλγος (*álgos*), «dolor».

Sin embargo, al mismo tiempo, la nostalgia es una enérgica defensora del amor gracias a la fuerza del pensamiento, perpetuo estado mental a la espera de un abrazo o de un beso, al que consagramos todos nuestros días.

Y por el que mantenemos intactas partes de nosotros a la espera de que ese abrazo o ese beso de verdad se produzcan.

No se podrá estar completamente solo, si se siente nostalgia de alguien.

A veces puede ser amiga, a veces cómplice, pero la añoranza es siempre compañera, a veces, casi siempre tranquilizadora.

Durante meses se nos permite imaginar lo que todavía tiene que suceder. En caso de que tuviera que suceder.

Y, cuando ocurre (porque, tarde o temprano, ocurre, siempre; por eso la nostalgia es tan valiosa), cada instante de ese momento está ya con nosotros.

Lo que la hace insustituible y tan esencial, aunque sea en el dolor, es el hecho de que, para querer volver a algo o a alguien, tenemos que haberlo conocido antes; haberlo amado mucho. Y, por tanto, conocer la ruta, la dirección, para volver a él, por peligrosa e insegura que sea.

La nostalgia es, pues, pensamiento capaz de convertirse en acción.

Es el deseo insatisfecho de regresar, que «a menudo, pero poco de una vez», como escribía Proust, reclama con fuerza o, mejor dicho, exige ser cumplido.*

Si nos falta alguien tanto que llega a dolernos, tarde o temprano una mañana nos despertaremos e iremos a buscarlo; con toda seguridad.

O, al revés, será esa persona la que vuelva a casa, con nosotros.

Ocupaos, por tanto, siempre de vuestras añoranzas, queredlas bien, alegraos de ellas.

Significa que habéis tenido el valor de escoger ser felices, el valor de amar y de viajar.

Aprenderéis de ellas sobre el increíblemente difícil tiempo de la espera, porque todo lo que es amor conoce un tiempo que es solo suyo e independiente de cualquier reloj.

Por último, disfrutad de ese momento único de la nueva partida; cuando las añoranzas se vuelvan insoportables, estéis donde estéis, zarpad.

Volved a casa, una vez más.

Volved a amar, una vez más.

No existen añoranzas fijas u ociosas, pero sí las falsas nostalgias. Y, cuando lo son, tienen otros nombres.

Son las sensaciones que nacen y se maceran demasiado bien cuando se extravían, cuando se pierden en el mundo y dentro de nosotros.

---

*   Marcel Proust, *En busca del tiempo perdido*, I, «Por la parte de Swann», Barcelona, Lumen, 2000, p. 22, trad. de Carlos Manzano. *(N. de los T.)*

Engaño y laberinto de espejos, la falsa nostalgia no es más que el falso deseo de volver a casa, sí, pero a una casa que nunca conocimos.

O de volver junto a alguien al que nunca amamos.

Del sentimiento verdadero y de la palabra verdadera reniega el νόστος (*nóstos*), porque no hay ningún viaje de regreso, si no se ha partido nunca.

A falta de νόστος, a los seres humanos solo les queda ἄλγος (*álgos*), la tristeza, la pena.

No son ganas de descubrir lo desconocido, sino el dolor que la falta de lo desconocido suscita en nosotros.

Únicamente queda una resignación feliz y airada a la vez. Despreciable, mucho más que las culpas y los errores que nos han llevado hasta allí.

Ese estado de ánimo no es nostalgia, sino el consentimiento, la cobardía, que tiene mucho de ultraje a la vida y a esa medida de los héroes que los griegos supieron descubrir en nosotros, los seres humanos.

Existen dos palabras sólidas, de lenguas lejanas a la nuestra, que definen con mucha precisión la charca en la que a menudo chapoteamos, confundiéndola con el mar, mientras nos agarramos a aquello de «todo vale» o de «hay que saber contentarse con lo que sea» hasta caer en la continua traición que supone traicionarnos con un «yo soy así». Sí, Jasón y Medea nos dicen que somos así, para salir de viaje e intentar ser héroes de nuestras propias vidas, no unos cobardes que cada mañana revisan que su nave está firmemente anclada en el muelle para estar seguros de no tener que partir nunca.

Una es el término alemán *Fernweh*, la «nostalgia por los sitios en los que nunca hemos estado y los que no tendremos nunca el valor de ir».

Perfecta para todas nuestras huidas inmóviles y para todas las metas que sabemos que están ahí esperándonos, punto de inflexión ante el cual nos detenemos y, rápidamente, damos marcha atrás.

La otra la he descubierto casi por casualidad en mi segunda lengua, el bosnio. Se llama *čežnja* al dolor abstracto que se siente por la ausencia de alguien a quien se ha amado y que sabemos muy bien que no volverá jamás a nuestra vida.

Indica un dolor tan fuerte que, sin esa persona, no podemos ni respirar, conque figurémonos vivir.

Sin embargo, esta es la «nostalgia de lo imposible», la más dañina y la que provoca un mayor desconsuelo, la que nos hace cerrar los ojos ante cualquier horizonte, destruir para siempre nuestro puerto y atrincherar nuestro corazón.

La que nos hace afirmar: «Nunca más», cuando lo que estamos obligados a decir hasta el último de nuestros días —y todos somos capaces de hacerlo— es una sola frase: «Otra vez».

Como todos, he sufrido algún naufragio; no ya en un océano de verdad, sino en los múltiples mares que hay dentro de mí y a través de los cuales he viajado.

He tenido muchos fracasos y me he visto obligada a abandonar el barco cuando esa era la única forma de salvarme de un pasado ya irreversiblemente vencido, para sentir otra vez el deseo de un presente nuevo.

Naturalmente, me ha ocurrido también lo contrario.

A veces, el barco abandonado he sido yo.

También en este caso he vuelto a zarpar, he reconstruido de arriba abajo mi puerto, mi pequeño «madero», y he localizado una ruta hacia una nueva meta. Incluso hoy me pregunto cómo lo habré conseguido, en medio de tantas lágrimas. Sin embargo, así es la naturaleza humana, tan magnífica: un día, lo hacemos. La fuerza de dejarse ir deriva de la capacidad de dejarse llevar.

Por eso me gustan tanto las *Argonáuticas*, que para mí no son una simple epopeya de viajes, sino un relato de formación; es ese su primer significado, el que hace de él una obra inmortal, atemporal, universal.

Y por eso estoy tan unida a *How to Abandon Ship*, libro en el que encuentro el mismo mensaje.

Sus páginas están ahí siempre para recordarme —*memento!*— que, en caso de fracasar, siempre hay una solución: abandonar el barco que se hunde para no hundirnos con él.

Dejarlo ir para dejarnos llevar por la vida que está por venir.

Cuando se ama de verdad hay que dejarse llevar por completo, hay que perderse en el otro hasta olvidar la hora que es, en qué día estamos, en qué estación del año vivimos.

Viviendo el viaje que es toda historia de amor, debemos dejarnos llevar y, al mismo tiempo, dejar detrás de nosotros simples migajas.

Las mejores, las más hermosas.

Migajas de oro. Migajas de corazón.

Migajas de nosotros mismos.

Y, si un día tuviera que acabarse, si la persona a la que amamos tuviera que irse o bien fuéramos nosotros los que nos marcháramos; en definitiva, si, por algún motivo, tuviéramos que abandonar nuestro barco, tendremos que estarle eternamente agradecidos, como bien saben los náufragos.

Hemos tenido el extraordinario privilegio de haber amado de verdad, de haber sabido dar lo mejor de nosotros, que permanecerá para siempre en el otro.

Quien nos ama sabe sacar lo mejor de nosotros; quién sabe adónde va a buscarlo.

Nunca lo peor de nosotros. Nunca.

Si hemos amado hasta el final, no hemos perdido nada. Todo lo contrario.

Deberíamos dar a todos un poco de nuestro corazón, no tenemos que asustarnos.

Incluso en caso de naufragio, nuestro corazón se mejora, se hace más grande, porque también el otro, el que nos ha amado, ha dejado en nosotros migajas de sí mismo.

Garabateado en la madera, con su letra de poeta siempre niño, en el umbral de la última casa de Pablo Neruda en Isla Negra, al sur de Santiago de Chile, puede leerse: «Regresé de mis viajes. Navegué construyendo la alegría».

Este lema, en un tiempo remotísimo, fue el de Jasón y Medea, que reían llenos de alegría al atracar en Págasas.

La misma sonrisa que deberíamos tener nosotros cada vez que regresamos a nuestra íntima Yolco.

Mejor, creo, perdernos que no encontrarnos nunca.

Mejor haber viajado mucho que haber pasado una vida entera quietos en un puerto echando de menos el mar.

Y, sobre todo, mejor poder decir que hemos sido muy felices.

Como los argonautas, que tanto habían navegado para regresar a casa «llenos de alegría».

BIBLIOGRAFÍA

«He realizado viajes maravillosos a bordo solo de una palabra», escribió Honoré de Balzac.

Para vosotros, viajeros de secano, reproduzco aquí un breve listado de los textos mediante los cuales he navegado, unas veces tranquila, otras rodeada de vientos y de tempestades (no lo oculto, esa ha sido la parte en la que he aprendido más), para escribir este libro.

Algunos han vuelto a salir de las cajas con las que he viajado de ciudad en ciudad después de obtener mi licenciatura; la alegría de volver a encontrarlos al cabo de los años ha sido inmensa, un verdadero νόστος (*nóstos*), regreso, a la época en la que me esforzaba en hacerme mayor gracias a los antiguos.

Otros, en cambio, han sido un nuevo puerto y, al mismo tiempo, una nueva meta.

El texto griego de referencia que he seguido es *Argonautiques*, texto fijado y comentado por Francis Vian, traducción de Émile Delage, París, Les Belles Lettres, 2009.

Se trata de los cuatro volúmenes de la colección Budé dedicados a la obra de Apolonio de Rodas; justo los que soñaba poseer un día de joven cuando estudiaba a Medea. Recuerdo que observaba sus cubiertas amarillas con el logo de la lechuza de Atenea sin atreverme ni siquiera a tocarlos, mientras el paciente bibliotecario de la Università Statale de Milán me explicaba cómo abrir, con una matrícula y un carnet, las puertas de la biblioteca de filología clásica para poder acceder a los tesoros custodiados en ella.

Por lo que respecta a *How to Abandon Ship*, no sabría deciros en dónde podéis encontrar un ejemplar de este pequeño manual, quizá en la tienda de algún chamarilero inglés o en alguna librería de viejo. No obstante, como su valor es para mí más simbólico y privado que literario, os invito a buscar un equivalente —un libro del que os hayáis enamorado «porque» habéis estado enamorados— en vuestra estantería o en cualquier baúl, donde todavía os espera, quizá sepultado por todos los libros que han venido después, solo para recordaros que nunca se es más feliz que cuando se ama.

A quien desee leer una estupenda traducción italiana de todo el viaje de Jasón y Medea (con el texto griego al lado), le sugiero la edición íntegra de las *Argonáuticas*: Apolonio de Rodas, *Argonautiche*, edición de Alberto Borgogno, Milán, Mondadori, 2003.*

---

* En español debemos reseñar, ante todo, dos traducciones: Apolonio de Rodas, *Argonáuticas*, introducción, traducción y notas de Mariano Valverde Sánchez, Madrid, Gredos, 1996, y *El viaje de los argonautas*, traducción e introducción de Carlos García Gual, Madrid, Editora Nacional, 1975, y Madrid, Alianza, 1987 (2016). *(N. de los T.)*

Gracias a esta colección de libros, expedida por correo a Sarajevo, extraviada por el camino y, después, enviada de nuevo, zarpé para alejarme de mis dudas y empecé a escribir. Tengo un director literario fantástico, ese es mi secreto, así que quiero dar las gracias en especial a Igor Pagani.

Para todas las etimologías citadas, mi fuente ha sido un diccionario que siempre deseé tener: Alberto Nocentini (con la colaboración de Alessandro Parenti), *L'Etimologico. Vocabolario della lingua italiana*, Florencia, Le Monnier, 2010.

Un libro erudito y agradable de leer al mismo tiempo, que, según *The New York Times*, deberíamos tener todos en la mesilla de noche, es *The Classical Tradition*, edición de Anthony Grafton, Glenn W. Most y Salvatore Settis, Cambridge (Massachusetts), The Belknap Press, Harvard University Press, 2013.

Lo he descubierto y lo he amado gracias al profesor Most, que enseña filología clásica en la Scuola Normale Superiore de Pisa y que me ha apoyado durante la elaboración de este libro; aprovecho ahora la ocasión para agradecerle su paciente ayuda, sus fulmíneas intuiciones y, sobre todo, su ironía. De esta excelente obra (cuyo peso sobrepasa los cuatro kilos; proveeos, por tanto, de una mesilla de noche muy sólida) han sido tomadas todas las pequeñas anécdotas y los pormenores más sutiles del mundo antiguo que refiero, respuestas humanas que, desde siempre, buscaba.

Por último, he aquí una lista de textos más especializados que he consultado:

Louis Bardollet, *Les Mythes, les dieux et l'homme. Essai sur la poésie homérique*, París, Les Belles Lettres, 1997.

Alexandra K. Zervou, *Ironie et parodie. Le comique chez Homère*, Atenas, Βιβλιοπωλείο της Εστίας [Hestia Publishers & Booksellers], 1990.

François Hartog, *Mémoire d'Ulysse. Récits sur la frontière en Grèce ancienne*, París, Gallimard, 1996. [Hay trad. cast.: *Memoria de Ulises. Relatos sobre la frontera en la antigua Grecia*, México, Fondo de Cultura Económica, 1999.]

François Jouan, *Euripide et les légendes des «Chants Cypriens». Des origines de la guerre de Troie à l'«Iliade»*, París, Les Belles Lettres, 2009.

Recuerdo que una vez un lector, asombrado por todos mis viajes, me preguntó en dónde estaba mi casa.

«La casa es el lugar en el que conservamos nuestros libros», respondí.

Y lo creo de verdad. Con esta bibliografía casi os he dado mi dirección. Soy feliz por haberlo hecho.

AGRADECIMIENTOS

Deseo dar las gracias, ante todo, a mis compañeros de viaje. A vosotros, mis lectores: desde siempre habéis sido mi fuerza, pero también, más que nada, mi ternura.

Vuestras preguntas han sido mi inspiración; vuestra curiosidad, lo que me conmueve.

En este nuevo viaje que ha sido para mí escribir el presente libro, vosotros habéis sido mi meta, mi punto de inflexión. El motivo para seguir fiel a mí misma y no traicionarme nunca, sobre todo en los momentos de mayor esfuerzo, cuando las lágrimas han sido muchas y muchos también los deseos de renunciar. Es a vosotros a quienes debo seguir siendo fiel, es a vosotros a quienes no quiero traicionar nunca.

A menudo me dicen que doy «demasiado» a mis lectores. No es verdad: les doy «todo», y estoy orgullosa de ello.

Gracias también a todos los lectores extranjeros que han aparecido a lo largo de mi camino, sin avisar, algo que me ha confirmado aquello en lo que siempre he creído: de nada sirve aprenderse de memoria una gramática griega para apreciar la extraordinaria idea del mundo que los griegos, tan humanos y, por tanto, tan grandes, supieron atesorar solo para nosotros.

Gracias, en particular, a los que amo, a mi padre, a mis amigos más queridos; no puedo dejar de citar a Alberto, mi «Heracles», y a Serena, por su sonrisa, que me ha enseñado la alegría de la tenacidad femenina. Y, una vez más, aunque a muchos os haga sonreír, lo sé, gracias a mi perro, Carlo (cada vez más legendario), así como al recién llegado: Tito.

Gracias a los que me han hecho sufrir, a los que me han hecho daño, a los que me han abandonado o me han ignorado, a los que me han faltado al respeto o me han menospreciado al decir que iba a resultar imposible.

«Aprender del dolor.» Así lo creían los griegos y así lo creo yo también. Gracias a vosotros, que me habéis enseñado tanto; en especial, gracias a los que «no» están.

Una editorial, una «casa editora», como su propio nombre indica, es, ante todo, una casa habitada por muchas personas con distintas funciones. Gracias, por tanto, a Mondadori, no solo por haberme acogido, sino por haberme hecho sentir cada día que formaba parte de ella; no necesitaba únicamente un editor, sino, sobre todo, un equipo, y vosotros lo habéis sido para mí durante el proceso de edición de este libro (incluso cuando he sido demasiado testaruda, es decir, la mayor parte de las veces).

Por último, gracias a Margherita Trotta por el incomparable trabajo de revisión, llevado a cabo por Skype y con lápices de colores en un diciembre de nieve.

La medida de los héroes ha sido escrito principalmente en dos lugares, situados en dos polos opuestos del mundo, a los que estoy agradecida.

Los capítulos finales han sido escritos en Sudamérica, entre Chile y Perú, países que me han enseñado la belleza de los colores, de la música a todo volumen, que hace que te entren ganas de bailar por la calle, de las flores que crecen a su aire y que antes solo había visto en alguna floristería pudriéndose en un florero.

En el Nuevo Mundo he comprendido, sobre todo, que existe otra manera de ser feliz, tan extraña y, sin embargo, muy griega. He intuido que esta vitalidad sudamericana que a duras penas se puede contener, estas agradables sonrisas, derivan del intenso contacto con la naturaleza, del hecho de estar en la tierra primigenia. Y que allí las personas, todas, son cuerpos, cosa que, en nuestro Viejo Mundo, hemos perdido u olvidado y, ciertamente, hemos convertido en algo artificial.

Este libro, como el anterior y, quizá, el siguiente, ha nacido y crecido en Sarajevo, desde la primera palabra hasta la última revisión, o, mejor dicho, cuando aún no había palabras, sino meras ideas confusas e inciertas.

Ante todo, gracias a los cafés en los que he escrito (en medio de la nieve alta en invierno y del sol en verano), por no haberme echado a la calle cuando tecleaba en mi ordenador, durante horas y horas, cada mañana. Sobre todo a uno, el Sova, que en los meses de escritura se ha convertido en mi segunda casa; únicamente al cabo de mucho tiempo descubrí que su nombre en bosnio significa «lechuza», la de Atenea.

«¿Te gusta la guerra? ¿Por eso vives en Sarajevo?», me preguntó una vez un chico que conocí en un instituto italiano, con ese sincero descaro que solo ofrece la juventud.

No, no me gusta, la detesto. Sin embargo, si se produce, como en el caso de Bosnia-Herzegovina, lo importante no es quién gane o quién pierda; el único modo de combatirla reside en el alma de los seres humanos y no exclusivamente en los libros de historia, en negarse a dejarse cambiar en nombre del mal.

Gracias, pues, a la que considero ya mi ciudad, en la que querría que crecieran mis hijos.

Sarajevo me ha enseñado que con el amor (y con mucha ironía) no se pierde nunca, ni siquiera una guerra.

Descubre tu próxima lectura

Si quieres formar parte de nuestra comunidad,
regístrate en **libros.megustaleer.club**
y recibirás recomendaciones personalizadas

Penguin
Random House
Grupo Editorial

 megustaleer